首席学术顾问◎顾泠沅

郑汉文　叶红英◎译

主 编◎胡庆芳　程可拉

程可拉◎校

提升教师专业实践力译丛

创造有活力的
学校

〔美〕朱迪·F.卡尔（Judy F.Carr）

〔美〕南希·赫尔曼（Nancy Herman）　　　著

〔美〕道格拉斯·E.哈里斯（Douglas E.Harris）

充分运用结构性张力和谐发展　努力打造学习型组织强势助推

CHUANGZAO YOU HUOLI DE

XUEXIAO

教育科学出版社

·北 京·

提升教师专业实践力：
教师专业化的核心价值与永恒魅力

自 20 世纪 60 年代以来，教师专业化开始成为一种强劲的思想浪潮。吹响教师专业化的号角无疑是在 1966 年，联合国教科文组织和国际劳工组织在"关于教师地位的建议"中庄严陈述："应把教育工作视为专门的职业，这种职业要求教师经过严格的、持续的学习，获得并保持专门的知识和特别的技术。"

自 20 世纪 80 年代以来，教师专业化运动开始从追求教师职业的专业地位与权利向教师的专业发展转向，教师的专业发展开始越来越清晰地成为教师专业化的方向和主题。人们越来越明确地认识到，提高教师专业地位的有效途径是不断改善教师的专业教育，从而促进教师的专业发展。只有不断提高教师的专业水平，才能使教学工作成为受人尊敬的一种专业，成为具有较高社会地位的一种专业。其间一系列的报告会聚成了时代的主旋律：1986 年，美国卡耐基基金会和霍尔姆斯小组相继发表"国家为培养 21 世纪的教师作准备"和"明天的教师"两个报告，明确提出以教师的专业性作为教师教育改革和教师职业发展的目标；在 1989～1992 年的四年间，经济合作与发展组织（OECD）发表了诸如"教师质量"等一系列有关教师教育改革及教师专业发展前景的研究报告。

教师专业化的浪潮极大地推动了世界许多国家教师教育新理念和新体制的建立。在"教师专业化"从理念到实践的广泛而深入的推进历程中，世界上大多数发达国家和地区的教师教育先后经历了从中等教育水平的师范学校教育到高等教育程度的师范学院教育，从师范学院的独立培养到综合大学的本科教育以及大学后专门的教育课程培养的转变，并逐步形成了教师教育完整学位序列的培养体制。

但是，理念与行动、愿景与现实总是存在着不尽如人意的差距。2006 年 9 月 18 日，美国哥伦比亚大学教育学院前院长阿瑟·莱文（Arthur Levine）领衔的"教育学院计划"（The Education Schools Project）历时四年，调查了全美 1206 所教育学院，最后正式发表研究报告"中小学教师的教育"（Educating School Teachers），其"美国教师的摇篮千疮百孔"的隐喻式结论石破天惊，在美国掀起轩然大波，并引起全世界对教师教育的关注和反思。莱文在报告中尖锐地指出，尽管越来越多的证据显示了教师质量的重要性，但美国教师教育"与课堂现实脱节"，大多数教育学院抓不住问题的要害，课程混乱，教职员远离课堂，未能"跟上人口、技术以及全球竞争的变化步伐，无法应对提高学生学习成绩的压力"。

问题的严重性也许还不止于此。美国国家教育统计中心 2005 年的数据显示，接近三分之一的新教师在他们开始从教的第一个三年任期内离职，在第一个五年任期内的离职率甚至达到 50%。其中主要的原因就包括许多在校任职的新教师因无法胜任教学工作而不得不离开教师岗位。中国的情况也同样不容乐观。据 2007 年广东省对本省中西部的调查，25.1% 的新教师有机会就会选择"跳槽"，9.8% 的新教师迫切想要离开本单位。其中一个重要的原因也是教师在职专业发展的机会与能获得的支持不够，不能胜任学校分配的工作。放眼全球，教师专业发展的策略与支持毫无疑问成为了世界各国面向 21 世纪应对本国教师质量提高的必答题。

本着促进教师专业实践力提升的良好初衷，我们在繁荣的国际学术出版市场上努力精选了一些理论创新性和实践指导性兼优的精品著作，力求及时高质量地翻译和推介给国内同行。首批将推出《提升专业实践力：教学的框架》《有效的课堂教学手册》《有效的课堂管理手册》《有效的课堂评价手册》《有效的课堂指导手册》《有效的教师领导手册》《创造有活力的学校》和《优化测试，优化教学》。

非常感谢教育科学出版社对我们过去所做的比较教育研究工作的密切关注以及对承担本译丛主编工作的充分信任！我们也非常荣幸地邀请到了全国著名的教育家顾泠沅教授、著名的比较教育学专家李其龙教授、课程与教学论专家高文教授、著名的基础教育研究专家周卫研究员，以及上海市教育科学研究院教师发展研究中心特聘研究员张玉华女士，出任本译丛的学术顾问。

我们还要衷心感谢各位译者在繁忙的教学科研之余，保持高度的合作热情，远离浮躁与功利，安心于书斋，孜孜不倦于对异域文化和思想智慧的传递！

我们真诚地期望正在阅读这套译丛的广大专家和同行多与我们联系，给我们提出宝贵的意见和建议，Closetouch@163.com 永远期待着您智慧的声音！

胡庆芳　程可拉

致　谢

　　首先，我们要感谢所有与我们合作过的中小学、大专院校、专业机构和州教育厅的同仁，在与他们的协作中，我们自己也得以提高；我们要特别感谢佛蒙特州奇腾登南方督导区的泽尔达·泽莱斯基（Zelda Zeleski）等专家和管理者，是他们首先看到了教师帮带和同伴协作的价值，才促使我们着手这个项目；感谢纽约市奥斯威戈学区前任督学肯尼斯·伊斯特伍德（Kenneth Eastwood）和其他六位教师——朱丽叶·伯格（Julie Burger）、凯思琳·钱伯林（Cathleen Chamberlain）、艾琳·杜威（Irene Dewey）、玛利亚·史密斯（Marie Smith）、戴安娜·泰斯（Dianna Tice）和桑德拉·哈里森（Sandra Harrison）——他们在设计和实施专业发展的过程中携手并进，为我们树立了高质量协作的典范；感谢佛蒙特州富兰克林中部督导区、富兰克林东北督导区、富兰克林西北督导区、格兰德岛督导区、那穆瓦南方督导区、圣约翰伯雷学区、华盛顿中央督导区的专家和管理者以及来自萨墨斯、康涅狄格、哥伦比亚和南卡罗莱纳州的专家和管理者给予我们的支持、鼓励和建议；感谢佛罗里达州麦纳缔和沙捞沙特郡一些学区的教师和管理者，他们毫无保留地与我们分享他们在学校采取的一系列极好的传帮带、同伴互教及领导措施。

　　此外，我们还从佛蒙特州教育署副署长赫尔曼·巴德·迈耶斯（Herman "Bud" Meyers）、道格拉斯·沃克（Douglas Walker）和佛蒙特研究所"教师素质提升项目"负责人伊迪丝·比蒂（Edith Beatty）、费恩·塔瓦琳（Fern Tavalin）、苏珊·博耶（Susan Boyer）那里了解到许多支持建设学习共同体的策略和方法，佛蒙特州标准与评价协会的课程协调员还为我们提供了在大会上展示本书初稿并获得宝贵修改意见的机会。

南佛罗里达大学的劳蕾·斯特赖克（Laurey Striker）、彼得·弗伦奇（Peter French）和贾妮丝·福斯克（Janice Fauske）也为本书的完成给予了极大支持，在此我们深表谢意。

最后，我们还要感谢乔伊斯·麦克劳德（Joyce McLeod）和丹齐·卢梭（Darcie Russell）编辑，斯格特·威利斯（Scott Willis）和所有课程监督与发展协会（ASCD）的成员，他们的深远目光和匠心设计，以及从各个教育层面给予的支持和鼓励，都为此书的出版做出了不菲的贡献，在此，我们一并向他们表示衷心的感谢。

目　录

第一章　建立专业关系

帮带、指导、协作是一个共享的历程，是教育者为提高教学效果、促进所有学生的学习而付之的共同努力。在学习共同体内，成人和孩子们都是学习者，他们进行实验，给予或接受反馈，提供或得到支持。当这些互动根植于校园文化中，就会产生新的动力，带来新的变化，开创协作性学习的新局面。

近来，许多州建立了规章制度，提倡帮带新教师，提高教学水平。随之，各种帮带方案像雨后春笋般涌现出来，许多学校和地区正竭力实施。但是，人们普遍狭隘地认为，这项工作是"他们"（被指导者）的而非"我们"（指导教师）的，似乎帮带指导是单行线，指导者为新教师提供信息和支持，自己却什么也得不到。其实，资深教师在帮带指导新教师的过程中也可以得到发展，这是个非常难得的机会。

想象一下这样的情景：学校的所有专业教育者同时又是学习者，他们组成两人或多人小组，相互协作，共同探究，改进教学，促进学生的学习……这是多么美好、多么令人振奋的愿景啊！现在，几乎所有的学校都在协作，但普遍局限于小范围内，要实现这里描述的广泛协作，协作的范围和规模不容忽视。

目的与技能

帮带、指导、协作是从事教育的同仁之间围绕相互重叠的知识和技能相互支持、相互学习的三种形式，表 1.1 详细区分了这三种形式，并列出了每种形式的目的、主要参与者以及内容和技能。

这三种形式之间的关系，在表1.1中没有作具体描述，但对每种形式的作用和目的进行了具体描述，有助于我们了解全员协作的校园环境需要什么样的知识和技能。尽管有人认为了解这些概念和过程是自然而然的事，但明确各种形式的作用和目的并照此执行是完成此项工作的核心。表中的信息可用于制定有利于帮带、指导、协作的专业培训计划，还可以作为学校进行改革时设计模板和材料的指南。此书就是运用表中的框架撰写的。

专业关系

帮带、指导、协作不仅仅与项目、工具或日程有关，其精髓在于建立共同愿景下的互利互惠的专业关系。专业关系与个人关系不同，个人关系在乎双方是否喜欢，而学校、学区内的专业关系则要求相互理解不同风格、善于对话交流、了解专业关系特点并自觉维护专业关系健康发展。

个人风格

教育群体的许多冲突都是由教育者个人的思维、交往、解决问题的不同风格引起的，但风格的不同恰恰孕育着力量，认识不到这一点，就不可能将教育者、学生及整个学校凝聚在一起。对于学校的教育者来说，相互分享不同的风格，理解不同风格对于互动的意义，以及学会如何与自己风格雷同或迥异的同事共事十分重要。对风格的相同之处和不同之处的认识，有利于建立联系，架筑理解的桥梁。风格不同并不意味着人们不能共事，导致冲突的最主要原因是缺乏对不同风格的了解。

了解风格有何用处？这方面的资料很多，《马丁操作风格表》（H. H. Martin，C. J. Martin，1989）展示的是正常情况下和一定压力下特定风格的人的具体表现（如表1.2所示）。

表 1.1 帮带、指导、协作知识与技能

专业关系		目　的	参加者	技　能
帮带		稳定教师队伍 正式就职支持	资深教师与新教师（包括新手教师和新调入教师）合作	召集会议 评价需求 课堂观察并给予反馈 接受批评 计划改进 批评 提供支持 提高管理技能 与后勤打交道 设计课程、教学、评价
指导	同伴指导	改进教学专业化	配对 资深教师与资深教师 资深教师与新教师 新教师与新教师	除以上技能外，还包括： 改进教学和评价 上示范课 统一基准 给予描述性而不是评判性反馈 谈论个人情况
协作	研究小组	专业成长组织变化	管理人员与新教师 资深教师与资深教师 资深教师与新教师	除以上技能外，还包括： 通过草案引导协作性咨询
	委员会委员	决定政策课程发展行动计划	资深教师与资深教师	除以上技能外，还包括 发展组织会议技能 对抗技能 应对难相处的人的技能
	部门和团队	设计教学课程设计评价	资深教师与新教师	
	顾问团和领导小组	支配问题推荐专业发展	资深教师	

表1.2　风格特征

主导风格	正常情况下	做决定	交流信息	非言语信号	有压力时
思想者 (用左脑搜集信息)	有逻辑 善分析 系统 有条理 实事求是 从容且谨慎 有次序 理性	搜集事实材料 通过逻辑分析 根据标准谨慎决定 不慌乱 注重做正确决定	陈述历史背景 依照逻辑、事实 讲话时很淡定 文章结构合理、全面、信息充足可信	表情严肃 穿戴整洁保守 公文包中常装有公函、文件、计算器、日历，且整齐有序 工作守时、按计划	极其严肃 感情不外露 犹豫不决 不灵活 沉思 过分控制 内敛 判断求完美
感情化 (靠感觉)	感情用事 感觉灵敏 人际关系好 对人友好、热情 有魅力 忠诚 对他人的需求很敏感	评价自己和他人感情 考虑不同方案对他人的影响 询问关键人物的意见 做有利团结的决定	营造非正式友好气氛 将正事与社交话题融合在一起 风趣幽默、缓解紧张 采用非正式笔记	情绪写在脸上 穿着随情绪、随便 公文包里装有与工作有关的东西，也有个人物品如相片、食物等	个性鲜明 责备 有复仇心 情绪化 情绪变化快、爱冲动 能控制 维持冲突 说人闲话
敏感 (对小事敏感)	活跃 注重结果 自信 上进 说干就干 同时做很多事 坦率 果断 现实	不惧怕问题 迅速调查 优先考虑问题 马上行动 希望马上看到结果	直接指出问题 讲话自信 采用真实、具体的例子 写的东西简洁、明了，更像备忘录	体态语果断、有气势 根据不同场合穿着得体 公文包里装有文件、杂志和业余爱好的资料 缺乏耐心	唐突 目光短浅 好斗 过分活跃 不信任 不周全 冲动 没有耐心

主导风格	正常情况下	做决定	交流信息	非言语信号	有压力时
凭直觉（通过下意识右脑获得认识）	有创造力 想象丰富 内部视觉 概念化 喜欢问"为什么" 新思想 理想化 思维严密 独立 超自然潜质	询问情况，全面了解问题 自然在头脑中形成多种方案 根据长远影响权衡方案 通过内部视觉确定解决方案	采用广泛性的概念 旁征博引 打比方 写作时采用视觉影像提高读者兴趣 通信	小组讨论时坐在边上 穿休闲、奇特的服装 公文包里装有稀奇古怪的东西、未完成的工作、畅销小说等 有新的感兴趣的事时就忘了日程安排	冷漠 不现实 缺乏完整性 忽视冲突 不实际 武断 忽视细节 过于乐观

来源：H·H·马丁，C.J·马丁（1989），《马丁风格调查表》，圣地亚哥，加州：组织提升系统。http://www.ois-martin.com

应该设计一个教师风格表或类似的东西，作为教师相互了解的基础，以便很好地进行互动，讨论并认识各自的偏好，商谈如何解决由于不同风格而产生的矛盾。可以将表格编制成册或放到网页上，这样小组成员、系部成员和帮带对子就可以预先参照风格，确定最佳互动方式并考虑差异问题，防止一些问题发生。根据我们的经验，一开始大家会觉得尴尬甚至好笑，但很快就会展开认真讨论，对将来的互动做出承诺。

解决问题

从表面上看，几乎每个小组都有这样或那样的冲突，都有持不同意见的人。大多数教育者不喜欢冲突，所以总是热衷于掌握一些解决冲突和应对持不同意见者的策略。其实，最具创造性、最有效的解决问题的方案往往是从冲突中诞生的。小组成员一旦明白了这个基本道理，他们就会珍视小组互动中的冲突。

有的小组（团队）因为一些潜在问题很难凝聚在一起。其实，如果问题发现得及时，小组关系完全可以恢复。只有在下列情况下，小组内部关系才不可救药：

·没有明确、合理的小组目标。

·没有固定的会议时间或时间不方便。

·长期的不满情绪破坏了小组关系。

·小组成员的性格不互补。

·对小组关系不够重视——合作伙伴缺乏合作理由。

·小组成员的期望值迥异。

有时，我们请教育者们写详细的报告，请他们描述一下他们见过的最糟糕的互动，通过真实的情境让小组成员学习查找问题、解决冲突的策略。我们告诉他们不要注明具体的人，只要写清楚问题，如妨碍互动的行为等即可。有教师这样写道：

> 我们花了好几个月时间才协调好一个由五位教师组成的小组，正当我们着手几个月前就达成共识的最后阶段的准备时，有一位成员坚持认为那样做行不通，反对按计划执行。我们知道他有顾虑，但不同意改变计划，他对此十分不满，离开了这个小组。

共同决策

校长不是学校孤独的领导者，在做一些涉及学生的重大决策时，教师代表、家长代表和社区成员都起着关键性的作用。在学校里，决策者应包括：

部门 在中学，教同一科目的教师集体制定课程计划，相互评价，确定教学进度。

团队 在中学，通常由3～5位教同一个班级的教师组成小组，共同计划，与家长和其他教师组进行交流。

校委会 学校的许多工作都是通过校委会执行的，委员会的各短期或长期代表团对学校的工作进行共同商议，修改课程，制定专业发展计划，选择高质量学生作业做样板，选择教材等。

理事会 各小组代表（如部门和团队）定期与校长碰头，就学校的整体发展进行决策。有些学校理事会还保留有家长代表或社区成员的席位，让他们也参与决策。

表1.3是一份共同决策过程的概要——个人、小组共同参与促进学习、改进项目、开发学习资源的决策过程。

表1.3　共同决策概要

共同决策是一个 ·互动 ·评价 ·交流 ·解决问题的过程 涉及到个人的 ·性格 ·小组历史 ·冲突风格 ·优点和弱点 ·兴趣和需要 在发展共同的 ·目标 ·过程 达成小组 ·和谐关系 ·目标 促进学生的学习，改进项目，开发学习资源。

支持小组决策的工具和策略

有关小组发展的讨论自然会引出有关小组决策不利的话题，很多小组尚未实施一些简单策略以避免冲突和提高效率，如建立小组制度，确立明确议程，做行动记录等。

制定小组制度 小组制度是小组成员共同达成的小组运作标准，是引导小组成员合作的行为准则。一开始就确立小组制度，会为小组顺利开展活动创造安全的环境。一个独立的小组可以集思广益、不断完善小组制度，很多小组一开始先制定一份草案（如表 1.4 所示），随后再修改完善。

表 1.4　小组制度草案

1. 按时开会，按时结束。
2. 为保证会议的高效率，需做充分准备。
3. 会议超过一个半小时，需休息 10 分钟。
4. 除了分组讨论，会议期间不许交头接耳。
5. 彼此信任，会上的言论和不同意见请勿外传。
6. 产生不同意见时，大家要努力达成一致意见。若在一定时间内意见仍不统一，需投票表决，票数达到出席人数的三分之二则通过。
7. 所有成员都要支持最后的决定。

由卡尔（Carr）和哈里斯（Harris）（1993）提供。

一旦制定了小组制度，指导者和小组就要严格遵守，并适时对遵守情况进行评价。当然，小组也可以随时修订制度，只要是大家共同的意见。

确定会议议程　议程是会议的核心。议程包括讨论的话题、每一话题所需时间和指导者。会议结束时，还需给广大教师发放会议备忘录或传单，同时为小组完成任务留有余地——也就是讨论进一步参与和采取行动的议程。会议议题可从小组成员中获得，根据前一次会议行动记录确定，或会议指导者根据了解的情况或小组上次提出的要求确定，最好是每次会议结束时就确定下次的任务。

错误的做法是确定太多的会议议程，一个小时的会议最多不要超过 2~3 项议程，并且应该规定每次会议最多只能增加一项议程。

每项议程也要限定时间，如果在计划的时间内没有完成该议程，小组成员则应该停下来迅速决定是否需要继续讨论该项议程（如果需继续，必须减少哪项议程的时间）？或者是否作为下次会议的议程继续讨论？

在列举会议议程时，最好使用动词对要完成的任务进行描述，因此，"描述语言艺术哲学" 比 "语言艺术哲学" 更重要。一份描述性的、积极的会议议程提供的是一个清晰的指南和会议结束时的成就感。

长远来看，会议议程连同会议时间为小组活动提供了一份记录，包括小组名称、会议日期、参加人员，等等。如果需要与会者会前阅读资料或带一些资料，在议程上要写明。议程的核心是具体项目、每项议程所需时间、指导讨论的人员名单和按制度办事。表 1.5 是一份议程样板。

当然，最重要的还是会议期间能按照议程进行。

表 1.5　小组会议议程样板

议程
星期 / 日期 / 时间
学科组、年级组、校委会
会前需阅读或完成的任务： _____
需携带的资料等： _____
主题： _____　辅助者： _____　时间： _____

做行动记录　行动记录指的是对会议的决定做记录，而不是记录会议期间提出的所有问题和评述。表 1.6 提供的样板可用来做行动记录，会议结束后记录员可以给每位小组成员复制一份。

表 1.6　行动记录样板

小组名称： _____　开会日期、时间： _____
出席人员： _____
缺席人员： _____

做出的决策和下一步行动	负责人	时间安排
下次议题：　　　　　下次会议日期和时间：		

建议留一份所有成员都可以读到的行动记录，这样，没有参加会议的成员就可以借此了解会议内容，为下次会议做好准备。

责任和义务　共同做决定要求大家起相同的作用并承担相同的责

任。我们要求学生在学生合作小组承担的一些责任和义务——辅助者、记录员、记时员等，在这里同样适用于教师。

对于一些小组来说，辅助者由任务而定，有时可能是校长直接辅助理事会，有时是部门领导主持会议，还有的小组，一段时期内（如一学年）可安排组员轮流进行辅助。进行轮流辅助时，我们建议隔一段时间（起码要开几次会之后）再轮换，这样一些措施才能实行，切记不要每次会议轮换一次。

记录员要把会议期间所做的决策记录下来，包括下次会议之前必须完成的任务的责任人是谁，以及下次会议的议程。会议结束时，记录员要给参加会议的每位成员复印一份行动记录，包括邀请了但因各种原因未出席会议的嘉宾和所有涉及的人员，都要把资料发送到他们手中。

记时员的职责是帮助辅助者控制好会议时间，只剩最后 5 分钟而任务还未完成时要提醒大家，同时引导大家就是否需要延长时间进行商议。

小组目标与组间关系

在共同制定决策时，常常会因为重点没有放在促进学生的学习上导致决策不利，如课程设计、教学和教学评价等（Fullan，2001；Mohr，Dichter，n. d.）。协作可以改善学校的氛围，但不能从根本上改变学生的学习，只有教师参与到学校各项与学生的学习直接相关的决策中，才能改变课堂，使之朝着促进教与学的方向发展。

学校的各个决策小组要清楚自己的目的和目标，这一点很重要。有一些目标是在组外设立的，比如学校董事会要求小组完成一项任务，这也就成了小组的目标。但是，小组维持了一段时间后，目标就变得模糊不清了，例如，中学的一些小组常常会把大部分时间花在讨论个别学生的纪律问题上。然而，开了三次会都没能解决那些学生的问题，这时不请教顾问引入新信息，解决问题几乎是不可能的。如果这些小组能每周用 3 天的时间讨论课程、教学以及教学评价的事情，另外两天与专家一起讨论个别学生的问题，新的小组目标就会形成，也自然会产生成就感。

高中学校的一些部门经常把时间花在一些行政事务上，其实，这些行政事务完全可以通过更有效的备忘录的方式来解决。当这些部门把会议时间用来设计课程终结性评价，开发以学生为中心的课程，或互相分享教学经验时，才表明这些小组正朝着正确的方向发展。

小组发展阶段

所有决策组——团队、部门、委员会、理事会——都要经过几个发展阶段。根据特克曼（Tuckman，1965）的发现，小组发展通常要经历四个阶段，即形成期、争议期、正常期和执行期，它同样适用于专业教育工作者小组。在此基础上，约翰逊（Johnson，Johnson，1994）又增加了第五个阶段——休会期。

形成期　指小组形成，成员相互了解，形成认同，明确每个成员在小组中的重要作用的阶段。

争议期　也就是冲突阶段，这个阶段产生风格与目标的分歧。

正常期　小组制定出正常运作的整体计划。

执行期　这一阶段小组共同完成小组任务，无论是短期任务（如研究小组完成行动研究项目），还是长期任务（如学校理事会监督学校战略计划的实施）。

休会期　指任务完成后小组成员离去，或为完成新任务形成新的小组。

我们与学校的小组共事时，常常叫小组成员对他们参加过的小组或委员会进行一些描述，看看这些小组是否有成效，大多数成员只记得那些低效的经历。

在反思个人经历时，教师们能够看到小组发展的自然循环过程，能够发现那些使小组成功或失败的重要因素，还能提出一些使小组朝好的方向发展的策略。

任何新小组都会经过以上五个阶段，成熟的小组遇到新问题、新任务时也会重复这五个阶段。不过，这几个阶段并非完全成直线连续性，某个阶段的一些特征会继续在下个阶段出现。认识这五个阶段，有助于部门、小组、委员会和理事会完成以促进学生的学习为目标的各项任务，至于如何领导这些工作，第五章将进行详细论述。

共同的事业

本章论述的中心是建立专业关系，这对于促进学生的学习十分重要。专业关系是一项共同事业，涉及学区内的所有专业人员，要求他们建立稳固的、以实现持续学习和相互支持为目的的协作关系。第二章将为我们提供一个引导、支持、帮助新教师成为优秀教师的有效帮带制度框架和一些交互式方法。

第二章　帮带新教师

与针对全体教师的标准化专业发展模式相比，帮带制度能够激励新手教师在支持性环境中自己发现问题并解决问题，从而得以成长。通过有序的帮带制度，指导者可以运用一系列策略，引导新教师探讨并及时解决问题，在指导者的帮助下，新教师可以顺利完成具有挑战性的第一个年头的教学工作。研究表明，帮带制度对教师职业稳定发挥着积极的作用（Huling-Austin，Murphy，1987；Odell，Ferraro，1992）。

通常来说，帮带期限最短也需要一年时间，最好是两年或三年。本书探讨以一学年为基本框架的帮带计划，挑选指导者所花的时间（很长）不包含在内。

要开始帮带计划，首先要为指导者提供专业发展所需的内容、时间和具体的帮带方法，要周密计划并给予支持，确保指导者与被指导者之间的关系有一定实效，而且最终要有利于学生的学习以及指导者和新手教师的工作满意度。

本章为指导者、新教师和支持帮带计划的行政人员提供了一些方法和策略，解释了一些成功搭建帮带关系的重要概念，还提供了一年内所需的实用工具和模板，供教师独立学习、学校及学区招聘指导者或建立工作坊等之用。

如何开始

当问及退休教师为什么要当指导者时，回答是多种多样的：
- 我想帮助新教师。

· 学校安排我当指导教师。

· 我们必须在 10 月前制定出帮带计划，这是上级的命令。

· 许多新手教师在流失。

· 我想保持教学活力。

教师们只有结合自己当初的帮带经历，才能更好地理解帮带职责，才能达成共识。有人问他们"谁曾经指导过你？""哪些指导对你最有用？"他们的回答也极不相同。有位教师回忆道：

> 记得我最初工作过的学校有一位教师，她很少说话，经常给我放很多礼物在办公桌上。有一次，她给我放了一份几何单元的提纲和全部教学材料；又有一次，她放了些好玩的小胶方块。一年中，她给了我很多类似这样的帮助，她真是一个大救星，工作的头一年，很多数学教学资料我都没有，她给我的资料救了我，我永远忘不了她的好心。

还有一位教师回忆道：

> 有位教师，她非常幽默，不仅给我演示课堂管理的步骤，还常常逗得我开怀大笑，让我在初为人师的岁月里少流了许多眼泪。幽默感对我来说是多么重要啊！过去是这样，现在也是。

通过回忆自己初为人师时的经历，教师们开始研究优秀指导者的特质，他们很快发现了一些优秀指导者的共同特征。通过运用他们熟知的好指导教师的方法，教师们加深了对这些共同特征的理解。德博特（DeBolt，1989）发现，优秀指导者具有以下特征：

· 值得信赖。

· 机智。

· 灵活。

· 表里如一。

· 不拘小节。

· 乐于分享信息。

·严格要求。

·喜欢主动、开放式学习。

·虚心听取意见。

·辅助者。

·令人尊敬。

·愿意抽出一定的时间为新教师指导。

尽管指导者需要运用他们的一些经历和印象，但他们必须走出个人圈子，全面把握指导者与被指导者之间的关系，才可以从这种关系中学到很多。要邀请那些思想开通、愿意向新手教师学习的人当指导教师，让他们回顾帮带其他教师或与其他教师合作的经历，反思他们从帮带和合作中得到的收获。

我们经常听到一些指导教师说："在与新教师的合作中我学到了很多，改变了我的教学。"与新手教师的合作对这些退休教师来说是福。有位退休教师说："过去我不大会写批语，这个刚毕业的大学生教会了我，我觉得我跟上了时代。"

需要考虑的几个问题

知道了什么样的教师适合当指导者，还需要为他们提供与新教师合作的知识、工具、策略以及周密的实施计划。

挑选指导者

挑选前需制定挑选规则，明确指导者的职责，使教师、行政人员都明白此项工作的重要性。指导者不是"进展如何"调查表的附庸，除了给被指导者提供一份重要信息的清单，还负责为被指导者解释帮带方针和步骤。挑选指导者必须遵循以下规则：

·候选人必须学识渊博，专业知识丰富，受到教师的广泛尊敬。

·候选人必须对教育有极强的兴趣。

·候选人必须有与教师合作的经验。

为鼓励最佳候选人当指导者，适当的激励机制十分重要，可以制定学校或学区的奖励措施，如宽裕的时间、奖金或专业发展荣誉等。

制定帮带政策和程序

在制定帮带政策和程序时，要充分考虑以下问题：

·教师多长时间可当一次指导者？每年，还是更短的时间？

·如何记录帮带工作以便作为日后奖励的依据？

·帮带与评价有何不同？

管理者要懂得，指导者不同于监督员，也不是教师的评价者，挑选指导者是为了给那些刚刚步入专业教育群体的新教师提供帮助和指导。指导者与新教师之间形成的这种特殊关系必须建立在平等和信任的基础之上，才能最大限度地进行交流；同时，他们之间的这种交流还应享有一定的特权，不应该用于学校的正式评价。

组织结构与支持

在实行帮带制之前，要把新教师与新调入的有经验的教师区分开来，他们的需求有所不同，应该为他们提供不同的支持。

指导者除了要在被指导者身上花时间外，还要花一定的时间与其他指导者共同研究和解决问题。同样地，被指导者的碰头会也很有用，这种会议一年应开两三次，管理人员自然要为这些会议提供帮助。如果你的小组正计划实施帮带制，你们就要制定一个可持续计划。要想建立一个可持续发展的、热情极高的专业学习共同体，关键是要培养一批有经验的指导者，为那些潜在的指导者持续提供专业发展指导。

要当一名指导者，需要做的部分准备就是要回顾自己的指导教师曾经为自己进行的指导，还有初为人师的感受，以及各种基本信息。下面这六个领域包含了帮带关系的基本信息。

被指导者的六个关键领域

新手教师和指导者需要共同了解以下六个关键话题。

1. 信息

信息指对学校的基本情况、学校文化、氛围有所了解，包括学校和学区的政策与办事惯例、教职工名单、学校和所处城镇地图、教师和学生用书、校历、午餐、职责以外的义务、社区和家长结构、学校行动计划、所在州提供的专业发展支持和应当履行的义务等。

2. 教学

教学指设计课程、施教、拓展教学活动所需的核心知识与技能，如课程大纲、教学目标、单元计划、课程计划、长远总体规划、模拟预期效果、个性化教育计划、指导与评价、教学策略以及各种标准、基准、评分等级等。

3. 个人

教师如何安排工作和休息时间以减轻压力，准备一份日历，日历上要反映出以下内容：日程安排、目标设置、健康状况、压力控制、所获成就、自我反思，等等。

4. 管理

管理指教师组织管理课堂的结构和策略，包括课堂规范、课堂常规程序、备课本、纪律、经费申请手续、为有特殊需求的学生提供支持、各种学生登记表、成绩册、与家长联系的方式、为上级部门评估准备材料、汇报学年成绩、更新记录和公事包。

5. 结果

结果指学校、当地教育部门以及州教育机构评估后反馈给教师、学生、家长的有关学生知识和能力的信息。这些信息可用于调整和改进教学。新教师需要对以往的评估结果很熟悉，可保留一些学生作业样本作为今后的基准，并推陈出新。

6. 协作

提高学生学习质量、教师满意度是学习共同体的重要组成部分。学校内部的协作关系要有利于教师进行以促进学生学习、提高教师满意度为目标的实践反思。为此，要安排好教师与指导者开会的时间，通过分享资源、讨论专业问题、分析学生作业、加入专业组织、观察指导教师的教学、解决实际问题和排除危机等形成专业纽带。

为使帮带制度延续下去，指导者要以自己初为人师的经历理解新手教师的六个关键领域。单独工作时，指导者需要把遇到的每个关键领域内的紧迫问题写在卡片上；而在小组里，指导者可对遇到的每个关键领域内的紧迫问题进行描述（每个论题用一种颜色的卡片）。之后，指导者与被指导者组成的小组就可以利用这些卡片讨论一些主题，可以把指导教师制成的卡片按上面提到的六个关键领域分成六类。

从教第一年的各个阶段

弄清了六个关键话题，就要讨论从教第一年教师要经历的几个阶段。表2.1将这六个关键话题——信息、教学、个人、管理、结果和协作——与从教第一年的各个阶段——期望、求生、理想破灭、恢复和反思联系起来（Gless，Baron，1996）。通过这张表格，指导者能够对新教师的特殊感情和行为有一定把握，并学会使用适合新教师发展的工具和策略。由于新教师的感情、信心和行为是不断变化的，指导者要采用不同的方法和策略。帮带制成功与否，把握时机十分重要。例如，当年10月份就提出听新教师的课只会让指导者感到不安，而在次年2月（帮带关系形成后）提出来就会让他热情高涨。

表2.1　从教第一年的各个阶段

	期望	求生	理想破灭	恢复	反思
	前几个星期	前6—8个星期	11、12月	1—4月（次年）	5—6月（次年）
指导者中心	确立短期目标 经常互动 集中观察 社会互动 倾听 联合解决问题 促进反思 提供支持和鼓励			同伴指导 解决问题 课程设计 观察和反馈 协作性行动研究 提供各种发展可能性 辅助网络学习	

	期望	求生	理想破灭	恢复	反思
	前几个星期	前6—8个星期	11、12月	1—4月（次年）	5—6月（次年）
信息	为大量信息所困			加深对系统及其运作方式的理解	
教学		为设计课程所困（准备课程要花大量时间）		利用假期提前计划、设计课程，重点放在课程设计、长期计划和教学策略上	思考下一学年怎样改进
个人	将教师岗位、职责理想化 自信 有干劲	疲惫 时间紧迫	开始怀疑自己的敬业精神和能力 对学生家长的批评毫无准备 家人和朋友不理解自己将大量时间花在工作上	寒假又恢复了平日的生活方式，有时间休息，与家人在一起 取得成绩	开始设想下一学年的工作
管理	对如何实现目标较理想化	忙于日常教学 每周工作时间达70小时	课堂管理是导致情绪低落的主要原因		思考下一学年怎样改进
协作			面对第一个返校日、家长会和首次正式评估		

	期望	求生	理想破灭	恢复	反思
	前几个星期	前6—8个星期	11、12月	1—4月（次年）	5—6月（次年）
结果			将评价视为检查学生学习效果和改进教学的途径	开始计划下一学年的课堂评价	

来源：格莱斯和巴伦（Gless，Baron，1996），《指导员培训指南：培训模式》（pp. 24 – 26），加利福尼亚州圣克鲁兹郡教育局。

虽然退休教师每年的感情体验大致相似（期望、求生、理想破灭、恢复、反思），但是，他们的教学环境却有所不同。当退休教师面临在新环境下实施新计划的情况时，如标准取向的教育，他们也要经历与新教师相同的发展进程。

明确帮带关系期望值

建立帮带关系时，要先列一张期望值表，以明确指导者的任务。指导者可以自己起草一份表，然后与其他指导者进行讨论并完善该表。清楚了指导者的期望，才能很好地交流，也才能防止一些不好的情况发生，如误解、挫折、发怒、退缩等。没有明确的期望值，小组及小组关系很容易破裂，帮带关系岌岌可危。帮带期望的内容部分地受到指导者眼界的限制，同时也受到学校或学区的限制，帮带关系不完全由个人性格所致。

有些指导者不敢对被指导者提出期望，那就请他们把期望值一一列出，这样可以减少他们的焦虑。使用表2.2可以帮助新指导者克服心理障碍，开始有益的思考。

评价帮带关系

指导者需要一些反馈意见，以调整、改进帮带关系。所有学习者通过反馈才会知道他们的做法是否正确，何时需要监控和调整他们的实践。奇腾登南方督导区要求被指导者填写一份与表 2.3 类似的反馈表，通过这份表了解他们与指导者之间的帮带关系。

收集非评价性资料有助于了解教师需求，为更好地进行指导提供资源。何时进行课堂观察？在何种环境下进行？着重观察什么？如何建立信任？这些问题将在第四章讨论。

帮带计划月表

虽然帮带制度通常以后勤工作为开端，却是以促进学生的学习为中心，可持续一年时间。有必要准备一张透析帮带关系真正目的、含有引导性问题的日历——例如，交流一下数学办公室在哪——给帮带关系带来安全感，使双方关系稳固发展。

表 2. 2　帮带关系期望值

采用以下这些指示，可以帮助指导者思考帮带关系可达到的状况。

通过我们之间的帮带关系，我将尽力帮助你

- 做好标准课程计划
- 合理安排时间
- 处理好人际关系
- 设计步骤
- ＿＿＿＿＿＿＿＿＿＿
- ＿＿＿＿＿＿＿＿＿＿
- ＿＿＿＿＿＿＿＿＿＿

我们要共同

- 反思教学实践
- 确定并遵守开会时间
- 严守秘密——我们的谈话是两个人之间的事
- 解决重要问题
- 学习对方长处
- ＿＿＿＿＿＿＿＿＿＿
- ＿＿＿＿＿＿＿＿＿＿
- ＿＿＿＿＿＿＿＿＿＿

帮带计划月表（见附录）供指导者和被指导者使用，为新教师头一年应该完成的大部分工作提供了一个模板，也为指导者成功指导新教师做出了具体安排。同时，在履行帮带任务前，该表也为潜在指导者提供了一个初始专业发展样板。这张日历既不是文件，也不是清单，而是反思框架，通过这个框架，指导者和被指导者这一年内都能把注意力投入到被指导者的需求上。

指导者需要搭建建设性帮带关系的工具和策略，被指导者也需要一些工具以达到教学的要求，肩负起教学的专业责任。这份日历能够使被指导者不断参照模板，运用一系列自我评价和反思工具，在帮带期内紧紧扣住六个关键领域，不偏不倚。它起到媒介的作用，支持并鼓励为改进教学实践所做的反思与自我评价。

本书中许多数据都可作为这份日历的补充，供被指导者安排时间、管理课堂、设计标准取向的课例或单元、与家长讨论标准取向的教与学。

为了避免给被指导者带来压力，指导者要充分考虑何时采用这些工具。双方可依据日历中提及的问题形成每月工作的框架（不需要用到所有问题）。在使用日历时，指导者还需根据本地的时间删减或增加问题，如学区的测验日期或学区年度教学评估目标等。指导者要考虑是否使用特殊工具或何时使用，这些工具为支持有效帮带关系和教学提供了一系列可选择方案。

8 月：开始

8 月是组织形成时期，新教师需要了解学校的基本办事惯例和政策。具体要了解的信息，参见附录。

尽管有时我们希望指导者与新教师一起分享基本信息，但最好还是给新教师发一本手册和有关清单，或请一位行政人员专门给新教师介绍学校的基本情况。

表 2.3 帮带关系评价表

亲爱的老师们：

和你们一样，我也在学习如何成为一名好老师。我的部分职责就是帮助你们提高教学和课堂管理技能，下面这张表反映了我们之间的专业关系，请填写相关内容。

技能显示	1 极深	2 深	3 不够深	4 努力的方向
1. 我们之间的互动正朝着积极、健康、相互信赖的工作关系发展。				
2. 我们的关系接纳一切新思想、新方法、新技术、新专业关系。				
3. 我们的关系为实践新信息和新技能提供支持和指导。				
4. 我们的关系帮助我们准确认识发展领域。				
5. 我们的关系为改进教学实践提供适时、具体、描述性反馈。				
6. 我们的关系帮助分析教学效果，确定教学策略。				
7. 我们的关系提供互相分享课堂管理经验的机会。				
8. 我们定期开会讨论关心的问题。				

请提出其他可共同探讨的领域、现状和问题。

_____

_____

_____

_____

来源：由奇腾登南方督导区和新课程中心提供。

表 2.4 新教师重要信息、政策、惯例清单

1. 设施
   - ☐ 大楼和房门钥匙
   - ☐ 日程表和大楼通道
   - ☐ 泊车
   - ☐ 复印机、传真机
   - ☐ 教员会议室

   - ☐ 咖啡馆
   - ☐ 图书馆
   - ☐ 主要办公室
   - ☐ 其他学生事务办公室

2. 个人
   - ☐ 行政人员、教员、职员
   - ☐ 团队结构，如分级团队，教学支持团队，特殊教育团队和 504 团队

   - ☐ 管理和设施维护

3. 课堂
   - ☐ 考勤惯例
   - ☐ 评分
   - ☐ 纪律
   - ☐ 作业
   - ☐ 可靠性问题

   - ☐ 课堂和小组惯例
   - ☐ 教材和补充材料
   - ☐ 信赖
   - ☐ 退学

4. 学校政策、惯例
   - ☐ 因病、因公、因私请假
   - ☐ 电子邮件、邮政信箱、电话邮件
   - ☐ 学生档案
   - ☐ 候补教师计划
   - ☐ 课本（发行的和收集的）
   - ☐ 教员会议
   - ☐ 个人专业发展计划和专业发展表
   - ☐ 教师评价
   - ☐ 学校手册、校历
   - ☐ 防火训练、炸弹袭击
   - ☐ 大会惯例

   - ☐ 郊游
   - ☐ 家长会
   - ☐ 下雪天
   - ☐ 学校与家庭之间的交流
   - ☐ 开放室
   - ☐ 成绩汇报单
   - ☐ 年终惯例
   - ☐ 考试和标准化测试

   - ☐ 预算
   - ☐ 信赖

来源：由佛蒙特州奇腾登南方督导区教师提供。

24　创造有活力的学校

这种方法能确保所有新教师获得相同的信息，并防止新建立的帮带制度变成后勤事务。帮带关系从开始就应该以改进教学、促进学生的学习为中心。

当然，指导者要特别熟悉并支持学校的办事惯例，要能回答与之相关的问题。事实上，有些指导者希望大家展开讨论（包括政策、办事惯例、校规等），这样对新教师更有益。一些学校采用了与奇腾登南方督导区相似的清单，帮助新教师开始他们的教学生涯（如表2.4 所示）。

9月：管理

要想营造有利于学习的环境，关键是要实施有效的管理制度。如果需要，指导者可以把课堂管理和记分册的具体信息拿给新教师看。新教师的自我评价很有用，可以告诉我们路子走得对不对，还有什么需求需要考虑。有关指导者和被指导者在本月中要思考的问题，参见附录。

众所周知，一些来自实践的简单技能和程序对于营造良好课堂环境发挥着重要作用，表2.5 为教学反思和评价提供了指导。在这个年度中，无论什么时候出现课堂管理问题，这份清单都用得上。

表2.5　课堂管理系统自我评价表

> 该表适用于自我评价，可采用三级评价标准。
> 　3：我经常这样做，而且做得很好。
> 　2：我需要重视这个领域。
> 　1：我需要更多信息或支持。
>
> **师生关系**
> ——课前、课后、课中与学生谈论他们的兴趣。
> ——在校内外遇到学生时与他们打招呼。
> ——亲切称呼学生。
> ——了解并评论学生的重要活动。
>
> **态度**
> ——课前在脑海里回顾一下班上的学生，特别留意那些你认为有问题的学生（学习上或行为上的问题），想象他们在课堂上表现得很积极。

——练习用正期望值取代负期望值。

——与学生接触时有意识提醒自己要向好的方面想。

接纳所有学生

——与学生交流要有目光接触。

——坐在每个学生都能看见的地方。

——给学生提供参与合作学习活动的机会。

——帮助学生发现获得同伴认可的策略。

对待错误答案和不应答

——肯定学生的回答。

——重述问题。

——解释问题。

使学生精力充沛，愉快学习

——经常地、系统地开展活动，让学生动起来。

——隔一段时间休息一次，让学生四处走走，放松放松。

——布置课堂任务，让学生独立或以小组为单位收集信息。

——交替采用独立学习活动和小组学习任务。

——按照教学常规，学生精力不足时应做 2～5 分钟课间操。

让学生明确自己对舒适和次序的要求

——让学生描述他们喜欢的教室布局，制成表格并定期对照检查。

讨论并制定课堂纪律

——制定明确的课堂纪律。

——通过讨论、张贴、角色扮演、示范等形式公布纪律。

——纪律应是正面期望。

——着重规定应该怎样做，而不是不应该怎样做。

——允许更改，标明例外。

培养学术信任感

——表现出对教材的热情。

——将课堂活动与学生的兴趣和目标结合起来。

——让学生创造一些符合他们的兴趣和目标的活动。

给予积极反馈

——把学生的成功归因于他们的努力。

——详述学生付出的努力。

——教学生使用积极的自我对话。

班级会议

——指出现象或问题。

——阐述现象或问题并举例。

——确认后果和准则。

——判断准则的正确性和价值。

——讨论可能性行为并达成共识。

——公开承诺遵守规则。

——评价课堂会议和准则的有效性。

使用策略化解矛盾

——列举真实中肯的例子。

——推断矛盾双方的感受。

——鼓励自己解决矛盾。

——讲述类似的经历。

——讲述每个人的感受。

——探讨其他解决办法。

对志愿者和准专业人员进行指导

——安排确切任务。

——为他们提供协作或独立上课机会。

来源：由佛蒙特州教育厅（1998）、乔伊斯、韦尔（Joyce，Weil，1996）、马扎诺（Marzano，1992）提供。

与日历连用，该表对确立个人目标也很有帮助。表2.6为指导者和被指导者提供了一个确立本学年目标的模板，使用该模板确立新教师以及帮带关系的需求和优先权。表2.7是一份填好的评价表。

确立一年的目标有利于指导者与新教师之间的交流，同时也为了解新教师的整体需求提供帮助。

10 月／11 月：教学和家长会

表 2.6　需要评价与目标设立

请被指导者提出问题或目标，不需要每个栏目都填，可参考以下引导问题：
- 你想知道什么？
- 你期望获得什么成果或成就？
- 你想知道如何做？
- 你想具有什么样的气质、个性、外观？

	知道 信息 概念	获得 成果 成就	掌握 技能 程序	具有 个性 外观
信息 ·政策与惯例 ·文化与氛围 ·学生				
管理				
教学				
结果				
协作 ·指导者 ·同事 ·其他人				
个人问题				

　　指导者两人一组共同讨论，发现问题，确立目标，确定被指导者可以独立完成的三件最重要的事，确定与被指导者会面的最佳程序，然后确定与被指导者合作的三件最重要的事，以及实现目标的最佳程序。

　　指导者小组还需安排会议检查工作进展，确定下一步的需要和工作，必要时还要修改目标。

表 2.7 需要评价与目标设立样表

请被指导者提出问题或目标，不需要每个栏目都填，可参考以下引导问题：
- 你想知道什么？
- 你期望获得什么成果或成就？
- 你想知道如何做？
- 你想具有什么样的气质、个性、外观？

	知道 信息 概念	**获得** 成果 成就	**掌握** 技能 程序	**具有** 个性 外观
信息 ·政策与惯例 ·文化与氛围 ·学生			请语言艺术顾问帮助确定需要学习的课程或加入的工作坊，推荐书目、教师	
管理	在工作坊异质班我是怎么做的？			
教学	对于高层次思维能力我应该了解些什么？	我想改进阅读课教学和7年级高层次理解能力。	我需要懂得教学法——提问技巧、教学策略等。	我希望有自信，能应对学生各种不同的回答，对教学效果有把握。
结果	什么样的阅读任务才能很好地评价学生的阅读？	我希望看到学生在读书俱乐部以及回答阅读问题时思维能力得到提高。	我想改进阅读课教学和7年级高层次理解能力。	知道如何设计阅读评价，也可以用这些工具设计其他评价。
协作 ·指导者 ·同事 ·其他人		针对这一点，我想观察某位教师的课。	我想与别的教师一起确定学生作业基准。	能够得到其他教师的建议。

请被指导者提出问题或目标，不需要每个栏目都填，可参考以下引导问题：
- 你想知道什么？
- 你期望获得什么成果或成就？
- 你想知道如何做？
- 你想具有什么样的气质、个性、外观？

	知道 信息 概念	获得 成果 成就	掌握 技能 程序	具有 个性 外观
个人问题			我想学习教学失败时的补救策略——我不太擅长冒险。	

指导者两人一组共同讨论，发现问题，确立目标，确定被指导者可以独立完成的三件最重要的事，确定与被指导者会面的最佳程序。

第一件事：与语言艺术顾问联系。

第二件事：阅读有关异质班教学的书。

第三件事：请求帮助。

然后，确定指导者与被指导者合作的三件最重要的事，以及实现目标的最佳程序。

第一件事：确定一个时间，观察一堂提问技巧特别好的教师的课。

第二件事：考察读书俱乐部的组织和管理情况。

第三件事：设计训练学生高层次思维策略的课例，教会学生从文本中找依据。

指导者小组还需安排会议，检查工作进展，确定下一步的需要和工作，必要时还要修改目标。

我们两个星期开一次碰头会。

通常来说，到了10月、11月，新教师便开始集中精力改进课程和教学了。很多学校在这两个月是开第一次家长会的时候，多数新教师很珍惜这个为教学做好各项准备的机会。

课例、单元设计 与被指导者共同进行课例、单元设计对指导者和被指导者都有益，他们都可以把教与学的活动及评价搞得精益求精，这对指导者和被指导者都是新工作。被指导者可以从附录中找到一些与课程设计以及家长汇报有关的重要问题。

评价计划实际上是一个设计工具，帮助教师设计教学和评价的标准和期望值。该计划提供了多种学生要达到的标准和期望，多种给予学生反馈的措施。《行动标准》（佛蒙特州教育厅，1999）是一个十分有用的评价计划样本，见表2.8。表2.9是一份填好的评价计划表。

家长、社区参与　许多家长被一些新的评价术语弄糊涂了，如公事包、表现评定、等级，等等。教师可以拿真实的材料给他们演示，最好的评价和分数材料莫过于学生本身，学生越多地谈到他们的学习和成绩，家长就越明白。在开家长会之前，新教师若能利用表2.10提出的一些问题，加之指导者的支持，新评价制度才能为人所接受。

12月：减轻压力

《从教第一年的各个阶段》表明（如表2.1所示），到了11月、12月，新教师会感到迷惘。新教师也许从六个关键领域的众多要求中感到压力，附录提供的这个月的一些反思问题能帮助被指导者保持条理性，并感到压力减轻。

但是，并没有最好的减轻压力的良方。压力因人而异，对某个人是压力，对另一个人不一定是压力。指导者要牢记一点，不要对被指导者的压力类型做出判断，但是，一定要让被指导者明白压力有好坏之分。正面压力激励、聚集、鼓动、挑战、创造机会，属于动机的范畴；负面压力导致能量缺乏、健康问题、低自尊、情绪低落等。

许多新教师的压力来自如何安排时间。找一份日历，日历上要有足够空间填写你的详细工作时间，可以把你的个人义务和专业义务都写上去——只要你愿意，从清晨6点到晚上10点全安排满都可以——也可以通过这张日历监控你的专业和个人义务是否平衡。如果你有时间安排这方面的问题，一定能从表2.11中得到启示。

表 2.8 评价计划指南

标准或证据	教学或评价活动	学生成果			评分办法				
		选择题答案	主观题答案		标准答案	核对表	普通指标性评分	任务—具体指标性评分	观察表
			简短回答	成果	成绩				

来源:《行动标准》(佛蒙特州教育厅,1999)。

表 2.9　评价计划样表

标准或证据	教学或评价活动	学生成果				评分办法				
		选择题答案	主观题答案			标准答案	核对表	普通指标性评分	任务-具体指标性评分	观察表
			简短回答	成果	成绩					
7.1aa, bb, cc 7.12 bb, aa	气体体积			书面报告和报表	实验		×			
7.12 aa	密度调查			书面报告	活动		×			
7.12 aa, bb 7.1 bb	苏打水瓶			实验报告	实验	×				
7.1aa, bb, cc	下落物体		实验报告			×				
7.1bb, cc, dd 7.12	移动重心		实验报告		活动	×				
7.1dd 7.1aa, bb. cc	石棍气球火箭		报表和实验报告		实验	×	×			

标准或证据	教学或评价活动	学生成果				评分办法				
		选择题答案	主观题答案			标准答案	核对表	普通指标性评分	任务－具体指标性评分	观察表
			简短回答	成果	成绩					
7.1aa, cc, dd 7.12aa	空气是物质吗？				实验				×	
7.1aa, bb, cc, dd 1.5				招贴	实验			×		

标准7.1 学生用科学方法描述、调查、解释现象，具体体现在学生能从事以下活动：

aa 设计一些表明因果关系的问题，确定可控制变量。

bb 寻找、记录、使用可靠信息，包括科学知识、观察和实验。

cc 形成假设，设计验证假设的实验，通过观察和测量工具收集数据，分析数据得出结论；通过结论加深对问题的理解，并发现新问题。

dd 描述、解释、示范如何使用证据，包括一些科学原理和观察结果。

标准7.12 学生对力、运动、物质的属性和构成以及能源和能源转换的理解，具体体现在学生能从事以下活动：

aa 观察、测量问题的特征，并利用测量结果区分问题的细节。

bb 提供产生新问题的例子，描述并示范具体现象。

cc 观察并描述能量的形式（如光、热、声、电、电磁波）以及它们的归因、来源、传播特点（如辐射、对流、热传导）。

标准1.5 学生起草、修改、编辑、批评书面成果，使其在目的、结构、细节、强调或语气上协调一致。

来源：《行动标准》（佛蒙特州教育厅，1999）。

表 2.10 帮助家长理解评价和分数

常提出的有关课堂评价的问题	向家长解释评价的依据
期望我的孩子达到的标准和依据是什么？	• 公布学生（每门科目）应该达到的标准、依据、成果或表现。 • 标准取向的课程及评价方案要简单易懂。
能给我看看高质量作业的样本吗？	• 展示典型的课堂作业、项目、考试的基准和学生样本。 • 学生可以告诉家长，老师会用很多例子表明期望达到的标准。
学生作业的质量标准是什么？每个级别都有什么要求？	• 把要求和总体评价给学生和家长交代清楚，在家长会上通报学生的学习情况，或将通知单寄至家中。 • 给家长解释你在开始一个单元或布置任务时会说明要求和标准。
你能解释一下你使用的这些新评价系统是怎么回事吗？你也同时采用别的评价策略吗？	• 讨论各种评价（如课堂取向的评价，州标准，区标准，标准化评价，标准取向的评价） • 解释不同的评分标准，提供样本（如多项选择题、判断题、搭配题标准答案，图表、论文、实验报告、公事包、项目、模型的等级和核对表，供陈述、演示、思考的观察表等）。 • 展示学生公事包中的传统多项选择测验题、项目、陈述、展览、成绩、论文等。
我的孩子对自己的成绩做自我评价吗？	• 学生阅读并理解评分标准。 • 学生评价他们自己完成某些任务的表现。 • 学生通过设立目标、建立公事包跟上进度。 • 学生有时参加家长、教师会或学生会议。

常提出的有关课堂评价的问题	向家长解释评价的依据
我的孩子理解他取得的成绩和分数吗?	·学生能解释分数是怎么评定的。 ·学生知道优秀、一般、差之间的差别。 ·学生知道他现在的学习与你的期望值相差多少。
就我的孩子在你班上的表现,你有什么要跟我交流的吗?	·包括成绩报告单、核对表、进度表、公事包、学生会议。 ·交流方式根据要交流的信息确定。
有些评价有些偏颇,可能影响到我的孩子,你如何阻止这类情况发生?	·你知道如何发现潜在问题,能解释原因并提供对策。例如,一个学生可能读得懂阅读材料,但做题得分却很低:你需要培养他的阅读技能或应试技能。又如,如果某个学生考试时情绪低落,无法集中精神,你就需要换个时间给他重考。至于那些有个别培养计划的学生,培养计划必须包括考试程序或调节的内容,要与课堂、区、州评价一致。

由斯蒂金斯和奈特(Stiggins,Knight,1997)提供。

表2.11 确定优先任务

如果别的事情打断了你的计划,看看这些任务、项目、要求是否属于优先完成的任务,是否可以进行,是否会影响到其他任务按时完成,或可以交给其他人完成。迅速做出决定,并一鼓作气去完成。	

专业方面	个人方面
你希望与同事建立何种关系?	你希望与家人、朋友建立何种关系?
接下来的半年时间内你想完成什么工作?	你在生活质量方面的问题是什么?
你最重要的工作责任是什么?	你最重要的个人成就是什么?
你的领导最期望你完成什么?	

来源:R. M. 霍奇黑瑟(R. M. Hochheiser, 1992)。《时间管理》,纽约:巴伦斯出版社授权。

次年1月：回顾长远计划

被指导者开始关注学年底要达到的课程要求。知道后面所剩时间不多，他们开始关心教学进度、过程评价以及教学策略等，附录中日历样本列举的问题表明被指导者关注的焦点，若能让被指导者选择他将与指导者讨论的问题更好。

2月、3月、4月：小组责任

被指导者要对测验日期以及州和当地教育机构各种评价日期了如指掌，这一点十分重要。测验要求学生平时多进行模仿和操练——不单是测验前一周的事，要妥善安排模拟考试以及为适应考试而做的各项准备。同时，要安排一些课堂测验，掌握学生的学习情况，及时改进教学，使学生测验时有出色的表现。附录里提供的问题说明了整学年的任务，教师要根据当地具体情况修改日期。被指导者从2月到4月间为备考需回顾的问题参见附录。

5月、6月：结束与展望

学年即将结束，帮带关系也将告一段落。目标达到了，收尾工作也很重要，有必要安排些特别的纪念活动，一方面给帮带关系画上一个圆满的句号，另一方面也有利于帮带关系在休会期发展成熟。纪念帮带关系和指导者、被指导者的成长有多种形式，但要周密策划，可以是正式的活动，如拉到外面搞一次有意义的活动；也可以是简单的活动，如让每个人谈谈一年中的收获。

5月、6月的日历可帮助新教师为学期结束做准备，同时也为下学年做好准备。被指导者要选择一个时间与指导者会面，谈谈成就、满意之处以及需改进的地方。

在职责清楚、目的明确、时间保障的情况下，帮带制度使指导者和被指导者都有很大收获。帮带制度是使新教师成为专业共同体一员的媒介。那些乐于与他人分享技艺、在不断学习中求发展的指导者，在帮带中亦获得无限的支持和崇敬。

第三章　组建学习小组

新教师和老教师参加学习小组的学习，深入观察自己的教学，其目的在于改进教学，促进学生的学习。学习小组是个普通术语，教育者把它解释为几位教师常聚在一起讨论如何改进教学等事宜。

学习小组不是自发出现的，需要周密计划，建立信任。学习小组有很多种，每一种的目的都略微有所不同。在小一些的学习小组里，教师常聚在一起讨论教学中的热点问题、困境等，通常来说，各类学习小组的目标都是：解决问题，寻找问题的答案，相互分享教学经验并获得反馈。

当几位教师为改进教学、促进学生的学习聚在一起时，产生的结果十分令人注目（DuFour，2002；Elmore，2002；Showers，Joyce，1996；Murphy，1999）。通常，不出一年时间，专业教学开始发生变化，并成为教师持续学习的起点。

学习小组成功的关键是以课程和教学为中心，学习小组是一支"反思实践，相互挑战，共同生产与实践密切相关的产品，分享对学生有影响的材料、思想或课堂观察"的教师队伍（Thompson-Grove，2001）。

持续学习：教师学习的核心

在学习小组里，成人的学习和思考体现在学校工作中，当全体教员做到以下几点时，教师的学习才真正转变为专业学习：

· 在共同的学习领域创造共同语言。比如学区教师共同设计数学科目的学生评价标准，这些标准从三方面描绘了一幅学生在校表现的图画，通过筛选评价标准，教师对教什么和评价什么达成共识。

·使用新技术，包括学校继承下来的技术。例如，纽约学区的指导者亲身实践课堂观察技能，互相分享课堂观察工具与技能，在指导者会议上讨论遇到的问题，精炼他们的技能。

·讨论学生作业，尝试解决焦点问题。例如，佛蒙特州中部一所高中学校的英语教师每6个星期开一次会，他们就学生作业展开讨论，尝试解决教学中存在的问题。

·熟练专业工作坊或专业课程推荐的技能和策略。例如，佛蒙特州一个学区的高中年级教师参加了一个为期一周的暑期读写能力工作坊，一学年内他们开了4次会，就如何实施工作坊介绍的策略进行专门研究。

·充分利用一些数据资料，特别是课堂评价数据，教师利用这些反馈资料改进教学。

·确立整改目标。例如，一些教师依据本州的评价资料确立行动计划目标。

·开庆功会。1月份，学区可利用本学期学生评价资料庆祝一下实施新阅读计划取得的进展，挂上横幅，摆上一些吃的，营造一种喜庆的氛围。根据我们从教师那儿得到的反馈意见，庆功会十分重要。

·开始新的探究并坚持不懈。例如，学区教师组成读书俱乐部，每年读两本专业书。

教师学习的核心是反思性实践，也是学习小组应遵循的原则。反思性实践指的是在教学的前、中、后阶段对自己的行动进行认真思考，决定是否需要调整教学和评价。进行反思性实践的教师较能影响其他教师，使他们也开始教学反思。显然，教师学习具有重复性和累积性的特点，对教师的专业学习和学生学习发挥着积极作用。教师学习的原动力来自很多方面，包括学校领导、教师学习小组等，州项目开发办公室起到外部推动作用，应当鼓励学校多探究，使它们取得更加优异的成绩。

开始

教师、支持者、行政人员均可参加学习小组。所有学习小组都要确立明确的目标、小组制度、确切会议时间、一个或多个辅助者、有条不紊的程序以及时间期限。多数学习小组主要是研究学生评价资料，目的在于促进学生的学习。学习小组的结构多种多样，虽然有些特征可能会重复。

制定小组制度是学习小组成功的关键因素，在互动和交流方式上达成共识是小组有效和高效的保障。第一章为我们提供了一些小组制度的例子。

辅助是一种责任，要求辅助者具备辅助知识、辅助技能和辅助者气质。表3.1显示的是有效辅助者的特征。

新手辅助者必须对辅助学习小组的要素有所了解才会有信心，他们可以温习这些要素，评价自己的技能，寻求所需的支持和信息。对新手辅助者来说，共同辅助或许是较好的策略。

表 3.1　有效辅助者归因

内　容	技　能	气　质
有实践知识基础 确立清晰的会议目标 提出小组评价和行动问题	咨询 倾听他人意见 解释 营造信任和安全氛围 解决冲突的能力 调节紧张气氛	灵活 通过直觉判断观点是否正确 促进协作 思维活跃 保持中立，但又有立场 发表意见时不评判好坏 勇于承认错误

学习小组成功的另一要素就是确定辅助模式。表3.2是三种辅助模式的略图：单独辅助、共同辅助和轮流辅助。三种模式各有利弊。确定学习小组的重点，有助于选择最佳辅助方案。当然，有丰富辅助经验的人会对辅助模式进行调整。

在学习小组正式启动之前，先要确定小组规模、开会时间和地点。小组成员要明确责任，了解需求，并通过做记录制定下一步的计划。有关如何起草会议记录的问题，参见第一章提供的样板。

对每次会议进行评价是十分重要的，它会帮助我们修改、完善小组会议目标。表 3.3 为学习小组的启动提供了一些附加标准。

在组建学习小组时运用一套标准，可以营造一个良好的开端，即使以后出现问题也可以从头再来。实践证明，回顾最初的标准非常有用，时间问题也有可能成为学习小组发展的障碍（Murphy，1999）。为充分利用有限时间，确保学习小组正常运转，学校领导要仔细考虑以下问题：

·查看并修正学校日程，要给教师安排每周或每月开一次 60 分钟会的时间。

·确定定期开会时间。要想使资料研究有成效，小组必须经常讨论假设，采取行动，分析结果，收集反馈，完善并实施变革。

表 3.2　辅助模式

	优　点	弱　点
单独辅助	·重点突出 ·连续性 ·可预见性或小组一致性	·脱离小组 ·辅助技能差
共同辅助	·富有洞察力，开阔视野 ·个性鲜明，有变化 ·发挥辅助者的热情	·需要协作，步调一致 ·给小组的信号有可能混乱不清
轮流辅助	·小组成员有机会发展辅助技能 ·共同领导，避免权力集中在一个人手上 ·人人有责任	·不一致的领导 ·难于形成小组推动力 ·需要详细的小组规则以明确辅助者的职责、责任

表 3.3　启动学习小组

下面这些指标将引导你启动学习小组：
- 确定开会时间（逢周几或每月几号？会议时间不少于 60 分钟）。
- 确定会议地点。
- 选择辅助种类（单独、共同或轮流），或在第一次会议上由大家共同确定。
- 确定小组规模，通常 6～12 人。
- 确立小组制度并在小组成员间达成共识。
- 每次会议都要做行动记录（见第一章），记录会议时间、地点、参加人员（出席和缺席人员）、辅助者、下一步要采取的行动（确切的时间、人物）、已完成事项以及下次会议议程、论题，等等。
- 第一次会议要提供饮品或食物，并确定下一次谁带食物。
- 查阅校历和学区日历，避免时间冲突。
- 准备第一次会议发放的材料。
- 确定会议时间期限。
- 安排庆祝会时间。
- 建立每次会议的评价程序和表格，帮助辅助者确定模式、议题等。

- 如果学校由各部门组成，可把各部门的开会时间用于学习小组活动。

- 学习小组开会时要有人代课，免除教师后顾之忧。

- 与学校董事会和社区商量提早放学或推迟上学，保证教师开展学习小组活动。思考以下方案：

* 可否每周星期三提前放学，学习小组开一个半小时的会？

* 可否每周有一天让学生推迟一个半小时到校，学习小组利用这个时间活动？

- 把全校教员会议时间用于学习小组讨论。

- 以电子邮件和聊天室为媒介进行学习小组互动或后续讨论。

- 让教师挑选学习小组开会时间，可以在开学前、开学后或学期中进行。

坚信专业学习共同体具有巨大价值和潜力的领导者要为学习小组的发展提供必需的体系和制度（DuFour，2002），在学习小组开始之前，学校领导要衡量一下自己是否做好了支持、鼓励、奖励小组的准备。表 3.4 对领导支持标准作出了解释，领导可对照这些标准，看看是否做好了准备。

表 3.4　学习小组领导支持标准

问　题	是	否	如果不是，可采取什么行动改变现状？
是否口头表示过要对学习小组给予时间上、财力上的支持？			
领导者是否成为学习者？			
教师相互信任吗？			
教师在学校和学区受到尊重吗？			
咨询是否体现在学校文化中？			
学习小组的重点清楚吗？			
学习小组规模合适吗？			
学习小组有目标和行动吗？			
是否运用数据资料？			
学习小组是否有一定的程序？			
当教师需要校外专家帮助他们学习新的教学技能、新的辅助程序、新的课程标准时，培训或校外资源是否可以获得？			
教师在工作日内是否有不少于 60 分钟的开会时间？			
是否支持教师互相听课？（通常要有一份类似认知指导或同伴互教的课堂观察评议表）			
听课教师是否包含在内？			
新教师是否接受学校的学习文化？			

来源：杜富尔（DuFour，R.，2002），以学习为中心的校长，《教育领导艺术》第 8 期（总 59 期）。

克鲁斯、西索尔·路易斯和伯奇（Kruse，S.，Seashore-Louis，K.，Byre，A.，1994）《在学校建立专业共同体》，威斯康辛大学学校组织与重建中心。

学习小组类型

读书小组

　　玛利亚是一位小学二年级教师，曾辅助小组完成《有用策略》（Harvey，Goudvis，2000）一书第九章的学习，并与她的读书小组分享她教散文阅读的策略。玛利亚告诉组员，把科学与阅读理解结合起来教会容易很多。她把自己的课例发给大家，并且解释说要花几天时间才能掌握这项策略。这个读书小组的成员就如何把这项策略运用于自己的教学中进行了深入探讨。

定义　为维护小组利益和所教学生的利益，读书小组成员互相交换意见和观点，寻找共同语言和相互的理解。他们读同一本专业书，定期会面讨论书中要点，小组成员轮流当辅助者。读书小组的目的是改进教学，促进学生的学习，期望实施新的教学策略。

组织结构　虽然读书小组最多可达 18 人，但是小组太大不利于成员参与活动。如果大组不可避免，有经验的辅助者就会将其分为几个子小组进行讨论。理想的读书小组人数为 6～12 人，开会时间和地点可根据成员的喜好而定。多数专业读书小组在学校放学后进行不少于一小时的讨论，有些小组一个月聚一次，还有的每周一次。明确开会的次数、日期以及每次会议要读的内容十分重要。

有时，读书小组是在小组重建过程中出现的，教师有更多的机会讨论新建小组的工作重点。维尔乐小学（Wheeler Elementary School）是佛蒙特州柏灵顿市一所贫困小学，为了改进小学生读写课教学，他们实施了一项基于数据的行动计划。那里的教师们致力于小组重建，协调员克里斯汀·盖斯曼为读书小组设立了程序，每次会议讨论一个章节，每位成员轮流当一次会议辅助者，负责从布置的章节中精选问题，保证小组围绕所读书目进行讨论并概括出三四个要点。一般来说，辅助者指导小组讨论，每次集中讨论一个重要观点即可。

从教师小组派生出来的读书小组成员互相认识，可以不用发邀请函。而对于潜在参加者，发出邀请则是必要的。潜在参加者名单因学校、要读的书目等具体情况而定，但必须包括所有学校或学区的世界史教师、高中学校的文学课教师以及所有指导顾问。表 3.5 是邀请函样本。

学校领导经常采用一些手段鼓励教师参加读书小组，有的学校给教师购买一些书或让教师自己选购，允许他们选择是否参加读书小组；还有的学校要求参加人员自己买书，或寻找专业发展基金。

表3.5 读书小组邀请函

日期：11 月 28 日

应邀者：贝爱尔全体教师

邀请者：克里斯汀·盖斯曼（Kristin Gehsmann），前读写顾问

主题：读书俱乐部

非常高兴向您宣布，我们的专业读书俱乐部又开始了。和去年一样，我们将一起阅读、讨论专业书。很多教师告诉我，读书俱乐部是他们事业最好的专业发展机会。读书俱乐部是我校的特色，我们将继续发扬这一传统，欢迎所有教职工积极参加。

我们将共同学习探讨两本书，一本是鲁比·佩恩（Ruby Payne）的《理解贫穷：一个参考构架》。该书生动描述了贫穷带来的不良影响，以及工作在低收入环境中的教师必须考虑的问题，我读后真是受益匪浅！另一本是斯蒂芬妮·哈维（Stephanie Harvey）和安·高迪维斯（Anne Goudvis）合著的《有用策略：如何提高学生阅读理解力》。该书继续讨论我们在读《思想的镶嵌艺术》一书时发现的问题。与《思想的镶嵌艺术》所不同的是，《有用策略》提供了很多阅读课的具体事例。两本书都不长，而且易读，利用去年的资金，我们能够为所有教员购买了这两本书，您可以直接到你们的校长那儿领取。

读书俱乐部成员享有补贴，请参加人员务必在以下时间内读完相关内容：

1 月 7 日　《理解贫穷：一个参考构架》（前半部分）

1 月 14 日　《理解贫穷：一个参考构架》（后半部分）

2 月 11 日　《有用策略》（第一章——意义的建立）

2 月 18 日　《有用策略》（建立联系）

3 月 11 日　《有用策略》（质疑）

3 月 18 日　《有用策略》（想象与推断）

4 月 1 日　《有用策略》（确定重点内容）

4 月 8 日　《有用策略》（合成与总结）

会议将在学生放学后举行。地点：教师会议室。

来源：克里斯汀·盖斯曼（Kristin Gehsmann）提供。

一些乡村学校，由于隔得比较远，开会不太方便，例如格兰德岛督导区是佛蒙特州的一个学区，方圆30英里的学校都属于它的管辖范围，让五个小学的教师聚在一起开会似乎不太现实。为了克服地域困难，小组决定利用局域网建立一个网上读书小组。小组成员利用周末时间通过聊天室在家里进行讨论，每位成员负责辅助一个章节并在网上发布一份帖子作为讨论的开始。表3.6是一张网上通知，表3.7是在线读书小组大纲。

表3.6 网上读书小组邀请函

快快加入

网上专业读书讨论小组

热烈的讨论提高你的理解能力

参加人员　欢迎所有 K-8 年级教师加入 G. I. S. U. 网上读书小组！

阅读书目　《有用策略》，作者斯蒂芬妮·哈维（Stephanie Harvey），安·高迪维斯（Anne Goudvis）。

时间　　11 月 4 日开始

　　　　每周在网上发布帖子并进行讨论，1 月份举行会议。

地点　　网上，您的舒适的转椅。

目的　　阅读理解对各年级的学生都很重要，通过学习《有用策略》和进行网上对话，我们可以改进教学，提高学生阅读理解能力。

方式　　发邮件到 wcunninham@ gisu. org 注册。

要求与期望

　　周四前完成阅读任务（大约每周25页），周五前发布评论，周末互相阅读帖子并回复，1月参加会议（时间、地点另行通知）。

————————

　　＊注册者要保证完成阅读任务并参加所有讨论，在完成各项任务的情况下，可申请 LSB 资格认定学分（30 学时 ＝2 学分）

来源：由佛蒙特州北西罗格兰德岛督导区克莱尔·希迪（Clare Sheedy）提供。电子邮件地址是虚拟的。

辅助建议　读书小组辅助任务可以由一个或两个人承担，也可以由小组成员轮流承担，有些小组几种方法同时采用，如佛蒙特州圣约翰伯雷的小学教师读书小组，他们认为标准文本的阅读理解是小学教师关注的中心，所以他们选择了《扩大范围：为理解教阅读，

K-2》（Pinnell，Scharer，2001）一书。首先，由一位教师向所有K-2年级的教师发出邀请，请他们参加读书小组；然后，召集大家开一次会，确定以后开会的时间、地点以及辅助者。表3.8显示了辅助责任。辅助教师负责带食物、发材料，并根据所读的材料设计课例，开会时讨论并修改课例，然后印发给所有成员。

佛蒙特读写课程协调员克里斯汀·盖斯曼建议学习小组的每个成员把想讨论的观点记录在一个专门的笔记本上，或使用笔记贴把讨论的要点记下来，同时注意挑选一些有经验的教师的笔记，如卡肯斯（Calkins，1994）、哈维（Harvey，1998）、劳特曼（Routman，2000）等，他们既是教师，又是研究者、作家和倡导者，他们的观点来自教学实践，因此更真实，更令人信服。她还建议我们挑选一些不断引发讨论问题的书，而不是那种全部读完后才可以进行讨论的书。

表3.7　网上读书小组大纲

G. I. S. U. 专业读书讨论小组大纲 秋／冬
《有用策略》，作者斯蒂芬妮·哈维（Stephanie Harvey），安·高迪维斯（Anne Goudvis）（Stenhouse，2000），可网购 $ 22. 50 U. S.　　ISBN：1571103104 9月16日：第一、第二章 策略思想，策略阅读（1~26页） 9月23日：第三、第四章 策略教学与实践，短文阅读教学（27~50页） 9月30日：第五章 书的选择（51~62页） **策略课等** 10月7日：第六章 建立联系 10月14日：第七章 质疑 10月21日：第八章 想象与推断 10月28日：第九章 确定重点内容 11月4日：第十章 合成信息 11月11日：第十一、第十二章 文本教学与评价 总结会：实地会议（时间、地点另行通知）

来源：由佛蒙特州北西罗格兰德岛督导区克莱尔·希迪（Clare Sheedy）提供。

表 3.8　读书小组志愿辅助者

《扩大范围：为理解教阅读，K-2 年级》。			
日　期	章　节	同伴辅助者	同伴辅助者
1/7	1	琳达	爱丽丝
1/21	2	弗兰	佩格
2/4	3	朱安	杰恩
2/18	4	杰罗米	李滋
3/11	5	苏珊	詹
3/25	6	阿莉	马库斯
4/8	7	阿利森	桑妮
4/22	8	李滋	玛莎
5/6	9	卡罗尔	凯西
5/20	10、11	布伦达	勒罗伊

由圣约翰逊伯雷学区提供。

解决问题小组

负责开发课堂评价专业发展机会的教师领导小组与校外顾问合作，启动在职教师会议，创造高质量教学评价。刚开始小组顾虑重重，尽管他们知道，在他们自己的领导下同事们也会乐于参加，但还是希望指导顾问能出席工作坊的各种会议。小组分成小学低年级、小学高年级、初中、高中委员会，每月抽出 3 天时间，共同学习课堂评价知识，同时为工作坊编写材料，并将一些基本原理运用于教学中。教师领导小组负责安排议事日程，设计辅助程序，虽然对具体时间安排以及如何陈述还有些拿不准，但结果总是出人预料的好。

定义　教师组成小组，按照一定的结构和辅助程序共同解决与课程、教学、评价有关的问题，中等规模的学校自行操作，小规模的学校和乡村学校可以联合起来，共同协作解决问题。

杰伊韦斯特菲尔得（Jay Westfield）是佛蒙特州一所很小的学校，只有 6 名教师，1 位校长，其中 1 位是特殊教育工作者。从课堂评价显示的数据来看，教师对学生的阅读理解技能不满意，他们想提高学生的阅读理解能力，尤其是分析、阐释文本的能力。在读写顾问的帮助下，小组制定了专业发展计划，共同学习新的阅读理解策略，并请顾问演示如何运用，然后将策略运用于自己的课堂上。顾问每月辅助小组成员开一次会，帮助他们解决问题。另外，教师还开发了一些课堂读写评价方法，对每名学生的进步和读写能力进行详细记录。他们在教学中大胆尝试，首次运用了一整套与阅读理解有关的工具和语言。

在圣约翰逊伯雷还出现了另一种解决问题小组。圣约翰逊伯雷是一个中等规模的学区，想改进小学读写教学。当时，这个学区刚刚获得一项为期两年的联邦政府早期读写能力培养项目，有四名经验丰富的阅读教师正好是该项目委员会的成员，正寻找一名顾问，担任读写协调员。学区邀请我们顾问团担任协调员，盛情难却，我们接受了邀请。但我们坚定地认为，协调员要懂得如何支持一线教师，所以我们只是从外部给予他们支持。在我们的帮助下，这四位教师学习并掌握了交流、辅助、计划等技能，成为该学区小学读写课指导者。由于这几位教师不知道如何演示阅读指导程序和策略，所以，我们集中探讨了如何明确责任、确立学习目标、安排教员会议、进行交流和解决争议等问题。当然，要想真正实现读写能力培养计划的目标，还需多方努力，如学区教育局长要参与领导，一线教师还要学会如何评价低年级学生的阅读，挑选难度适中的书，设计以促进学生学习为目的的阅读指导课程。

为了给所有教师提供同样的知识基础，这个学区还派了 25 位教师到莱斯利学院（Lesley College）进行为期一周的阅读课程培训。教师们住在集体宿舍，课余时间一起交流、学习、提问，还召开了两次信息通报会，让教师发表有关顾问辅助会议的意见。在此期间，那四位读写课指导教师继续与我们安排全年的工作。我们一个月开一次碰头会，完善示范课，讨论他们与其他教师的关系，继续提高他们的辅助和读写技能。四位指导教师还准备了一套分月日历，作为在课堂上指导与教师互动的指南。表 3.9 提供的是一份读写能力日历表，它是以帮带日历（见附录）为模板设计的，用以帮助读写课程指导教师做好培训工作计划并顺利开展指导工作，教师也能从这份日历表很容易看出哪些问题与他们的教学和评价有关。

表 3.9　阅读学习月表样本

	组织管理	教学	评价	专业发展或协作	个人
同事支持	教师	教师	教师	全体教员	教师
8 月					
后勤 安排 3 个月内的会议日程。确立交流的基本原则。做行动记录。制定教职工会议程，确定图书馆划分区域。 **教师需思考的问题** 这些资源向您提出了什么问题？您需要为理事会或日程安排提供帮助吗？讨论如何介绍理事会或领导排名？	你需要工具书吗？你知道在读书室怎样查找书吗？建立理事会所需的材料齐备吗？会议室安排好了吗？考虑行走、使用材料、展示和储存是否方便。会议室适合开小组会议吗？开头 6 星期是否只有一项安排？是否妥善安排时间即每日有 120 ～ 150 分钟的读写时间？			将 6 周的日程安排带到在职会议或全体教员会议上，四人一组讨论日程安排是否合理。然后两人一组分析教室环境。	松一口气——不要求完美。对自己说：我是一个终身学习者，一个探险者。我从错误中学习。

	组织管理	教学	评价	专业发展或协作	个人
同事支持	教师	教师	教师	全体教员	教师
9月					
后勤 教师有足够的适合读的书吗？听力磁带是第一级阅读：在全体教员会议上可用它热身。约见两位教师，评议他们对两个录音的分析。制作或购买指导阅读的磁带。 **教师需考虑的问题** 你面临的最大问题是什么？你遇到什么困难？任务进展如何？	日程安排有效吗？你是否通过示范、实践、表扬逐渐将学生引入理事会的日常工作？你是否带领学生独立阅读？你是否开辟词汇墙报？	你是否采用标准录音？	你是否安排了基本观察学习（POA）日程？你是否让10%的学生进行了POA？你是否对学生在POA的表现进行了分析？	全体教员会议：播放学生朗读录音热身。互相分享教学进展。讨论各年级采用什么书，记录下一步行动。	你如何利用时间？谁能帮助你？哪方面进展顺利？

52　创造有活力的学校

同事支持	组织管理	教学	评价	专业发展或协作	个人
	教师	教师	教师	全体教员	教师
10月					
后勤	阅读小组组建好了吗？			教员会议：与伙伴分享录音系统，然后进行小组讨论。 在小组里评议课程安排。 就课例给予反馈。	
11月					
后勤 你是否与三位教师安排了三个月内的会议日程？每个人是否都取得了进展？教师是否有阅读指导样板？你是否与其他教师交流过预期读写目标？你签	指导阅读时，学生有异常表现吗？你如何对待？对教育支持小组（EST）有何参考价值？你一直与父母有联系吗？	你考虑过随机分组吗？	你计划12月继续采用POA吗？你打算选哪10%的学生？（要与9月不同）	全体教员会议：在实施阅读指导的过程中，起关键作用的是什么？讨论下一步用什么书？	你如何关照自己？

	组织管理	教学	评价	专业发展或协作	个人
同事支持	教师	教师	教师	全体教员	教师
11 月					
订协约了吗？ 给每位教师复制一份预期目标协议，并将其记录在小组记录中。 **教师需思考的问题** 你面临的最大问题是什么？ 你遇到什么困难？					
12 月					
后勤 POA 管理和阅读恢复（RR）学生。 本月会议谁讲授如何确定书的难易程度？ 对幼儿园	在进行POA 评价的两周里无法进行小组阅读指导，你将如何安排？	在进行POA 评价的第一周，你将重点指导哪些阅读小组？第二周呢？	你对你所教班级采用 POA 的学生进行评价了吗？	12 月 7 日全体教员会议：与大家分享至少一个成功经验。讨论下一步用书，包括分章书目和以日常生活为	参加假日聚会！是否安排聚会日程？

	组织管理	教学	评价	专业发展或协作	个人
同事支持	教师	教师	教师	全体教员	教师
学生需要进行文本级别的评价吗？如何进行？在接下来的三五个月有什么计划？11月1日与南希一起列入日历表。				题材的绘画。	
教师需考虑的问题 你面临的最大问题是什么？你遇到什么困难？					

由圣约翰逊伯雷学区和课程改革中心提供。

　　读写课程指导教师还负责收集、汇总学生对课堂的评价以及学区和州的评价，教师评议和小组会议也为读写能力培养项目提供了更多的信息。先前，该学区还在为寻找项目指导专家困惑，而现在，问题不仅得到了圆满解决，而且还变成了学区的珍贵财富，经验丰富的几位读写课教师成了该学区提高阅读教学的领军人物。在我们的直接指导下，他们明确了许多职责，为所有 K-2 年级教师设置了培训课程。其中一位指导教师说："一开始我拿不准应该给他们（参加培训的教师）讲些什么内容，也不知道如何讲才易于他们接受。但经历了磨难之后，我终于得到了收获、得到了快乐。"该培训模式不断被完善，三年以后被用于所有小学教师的培训，也备受那些中学阅读课教师的关注。一位受过读写能力培训的教师说："进行直接指导的阅读能力培训模式非常有帮助，教师间的协作让我们得到更加广泛的支持。"

组织结构　杰伊韦斯特菲尔得学习小组和圣约翰逊伯雷读写小组所使用的问题解决办法圆满解决了他们关注的问题，每个小组都有特定的目标，主要参加人员也有所限制，还委任一位辅助者辅助小组顺利开展活动。

辅助　要有一位交际能力特别强的辅助者领导并示范解决问题的整个过程，如果开始邀请的是校外顾问，学校管理人员和教师领导者可以跟着学习，以便在需要时能够进行辅助。学校领导要想成为合格的辅助者，需具备倾听他人意见的能力和人际交往能力（Clickman，1990）。

同伴互教学习小组

在同伴互教学习小组里，教师结成对子研究改进课程、教学或评价内容等问题，然后与自己选择的合作伙伴一起确定课堂教学材料和实施办法。通常，同伴之间互相听课，互相学习。

在领导的指引和辅助下，学区的许多中年级教师结成伙伴，目的是通过课程、学校优先行动计划提高阅读理解力。琼和鲍勃是自愿结成的对子，他们发现很多学生不会写摘要，他们把摘要、复述和书评弄混淆了。两位教师一起研究开发出了一套课程，对摘要、复述、书评进行区分。他们还将复述、摘要和书评的标准设计成表格，每张表格都提供一份依据同样内容写出的范文，并在下两周课堂上进行讲解。他们还互相听课进行课堂观察，放学后进行讨论，对所选材料、课程设计以及采集到的学生学习状况提出改进意见。

定义　肖沃斯和乔伊斯（Showers，Joyce，1996）把教师组成若干小组研究教学。通常来说，小组计划与学校的某个实施计划和一整套改革行动相联系，教师不仅参与全校教员的学习小组，与大伙一起开展教学研究活动，收集有关实施情况的资料，在同伴互教学习小组，还与伙伴协作，共同制定计划，分享课程设计，互相听课观察。这种学习小组没有反馈（虽然同伴互教模式设计了这一项内容，见第四章），但取消口头反馈的做法证明对教师实践有益，因为同伴互教学习小组重点在于相互协作，计划并实现小组目标。来自同伴指导者的个人口头反馈会让教师感到他们被评头论足，因而有损学习小组的协作。取消口头反馈会使学习小组更凝聚，目标更明确。

组织结构　这种类型的学习团队将协作法运用到课程设计和实施中，在整个过程中，一改过去机械反馈的做法，人力资源得以共享。

辅助　共同设计材料、课程是同伴互教学习小组的核心。虽然他们相互听课观察，但只给出建议，不进行正式评价。学习小组还要监控变化以及对学生产生的影响，每个学习小组的工作都要持续进行、全程辅助、高效组织、突出重点。经验丰富的辅助者为小组协作提供框架并帮助小组解决一些问题，并设计出评价实践的方法。

作业分析小组

教师批改学生作业时，自然会形成标准和期望，把这些标准和期望集中起来，有助于提高教学和评价。

> 有个学区的幼儿教师认为用书面评语对口头阐述和文学写作进行评价很有益，他们每月开两次碰头会，评阅学生作业，按照每种作业的书面样板评分，统一标准。辅助者引导小组采用幼儿园书写评价标准进行评价，教师先陈述他们的打分依据，然后进行讨论，精确分数。3个月后，教师评分标准基本一致，还在另外两种书写作业的评分上达成共识。

定义 5~8 位教师组成小组，通过一定的辅助程序评阅学生作业，目的是促进学生的学习，精制授课内容或统一基准（benchmark）。近年来，分析学生作业被认为是促使教师反思教学实践的最有力的手段（Lewis，1998；Graham，Fahey，1999；Blythe，Allen，Powell，1999；Seidel et al.，1997）。

目的 通过一定的组织程序分析学生作业是成功对话的基础，首先要确定考查的目的，因为存在各种各样的评分标准，每种标准的目的都不同。评阅学生作业的目的主要是为了：

· 分析学生的学习是否达到了特定标准或接近标准。
· 达成高质量作业的共识，确定学生能力指标标准。
· 帮助教师反思他们的教学。
· 更多地了解学生所思所想以及对教学的启示。
· 分析学生学习小组的学习需求。
· 帮助教师解决教学中的两难境地或问题。

辅助 在评阅学生作业时，尽管有很多标准可供教师参考，但在小组里评阅会让教师获得特定领域的专业发展。

组成关键朋友小组（CFG）是评阅学生作业的一种方式，也是美国全国学校改革部（NSRF）的核心工作。关键朋友小组是一种以促进学生学习为目的、对教师工作和学生学习做出评价的组织结构。关键朋友小组的成员提出精心设计的探究问题，从而发起持续的教学反思。

在关键朋友小组里，教师将他们的实践公开化，目的是为了从别的教师那里得到反馈。教师自愿加入关键朋友小组，相互分享新的视角、思想、观点和策略。辅助者要接受集体动力、人际关系、建立信任以及特殊问题特殊对待等技能训练。

花了大量时间组成关键朋友小组后，高中英语部现在每 6 个星期开一次会，讨论教学问题。特德是本校的英语教师，受过专门训练，担任该小组的辅助者和组长。菲莉丝也觉得她需要得到同事的帮助，上个单元的教学虽然取得了成功，但是仍然有 6 位 10 年级的学生不能主动分析、理解课文。她在教学中采用的是小组学习，集中讨论书的主题和作者写作技巧等。这项活动涉及多种能力，在小组学习的过程中，她发现这 6 位学生中有 4 位选择的是同一话题。她把书名告诉了别的教师，有两位教师表示他们也将采用这本书。菲莉丝还谈到了其他内容，5 位教师提出了更多的问题，菲莉丝认真听取了其他教师的观点、看法、策略等。会议结束时，辅助者就菲莉丝有价值的观点作了总结。现在，菲莉丝学会了如何设计小组学习活动，如何给予不同评述，她对学习充满热情，其他两位教师也深感这样的讨论对他们今后的教学起到积极作用。

组织结构　关键朋友小组通常由 9 ~ 12 位教师组成，包括管理人员，活动时间较自由，周内或周末均可。关键朋友小组每月活动一次，每次 1 ~ 2 小时，每个小组有一位训练有素的指导者。

表 3.10　咨询草案

咨询是帮助个人或团队从更广泛的角度思考某个具体问题或两难境地的组织程序。外部视角可以使该草案更有效，因此，一些小组成员很可能没有遇到过这里陈述者提出的问题。

时间：50 分钟

角色：陈述者（提供作业，小组讨论）
　　　辅助者（有时也参加讨论，椐小组规模而定）

步骤：

1. 陈述者概述她所遇到的两难境地并提出问题，问题的提出和对两难境地的反思是本草案的重要特征。如果陈述者带来了她的教学资料和学生作业，大家就停下来看一看。（5 ~ 10 分钟）

2. 顾问团向陈述者提出一些简明的问题，也就是有简短、确切答案的问题。（5 分钟）

3. 小组向陈述者提出探究问题——陈述者要口头作答，这样小组才能帮助陈述者理清、扩展思想，其目的在于使陈述者更多地了解、分析她所提出的问题。陈述者回答小组提出的问题，顾问团不参与讨论，结束时辅助者请陈述人重新讲述一遍所讨论的问题。（10 分钟）

4. 小组成员互相讨论上面陈述的两难境地。（15分钟）

讨论围绕以下问题展开：

听到了什么？

没有听到什么（但可能是重要的）？

可能性假设是什么？

两难境地带来什么问题？

怎样看待两难？

小组成员有时提出解决两难境地的建议，但他们通常则尝试更加全面、客观地解释这些现象。陈述者在小组讨论过程中不发言，只听并做记录。

5. 陈述者答复讨论，与组员分享那些对她产生强烈反响的事情。

6. 辅助者引导大家简单谈一谈对咨询过程的看法。

提示：

第一步：咨询的关键在于陈述者反思的质量和向顾问团提出的问题的质量及真实性。但是，陈述者往往到了最后才说："现在我才知道我要问的是什么。"此类情况屡见不鲜。当然，这也没什么，不过，陈述者最好提前把要陈述的问题简单写出来。

第二步、第三步：简明问题是问陈述人的，可以问"谁，什么，哪里，什么时间，如何"，这些都不是"为什么"的问题，一两句话就可以说清楚。探究问题可以是"为什么"，而且答案是开放式的。回答"为什么"的问题花的时间要长一点，需要深入思考。

第四步：小组发表意见时，陈述者可以将椅子稍微往后拉一拉，离开小组一点儿。本草案要求顾问团以第三人称谈论陈述者，就好像她不在场。开始可能大家有点儿不自在，但很快就会讨论得热火朝天。切记小组的任务是分析问题，不是解决问题或给出确切答案。

陈述者虚心倾听很重要，倾听新观点、新思想和新方法；倾听小组对问题和现象的分析。要为形成假设而听，不要为小组对你的评判而听。记住你不是中心，问题才是中心，小组成员在帮你解决问题。

第五步：这段时间不是陈述者以牙还牙的时间，而是阐述她听到的最有价值的评论、思想和问题的时候，也可以借这个时间向顾问团陈述刚刚想到的观点和问题。

第六步：询问过程很重要，不要省掉这一步。

来源：《基础学校联盟国家项目：学习型教师项目》发展成为《全国学校改革部项目》的一部分，2001年9月吉恩·汤普森·格罗夫（Gene Thompson-Grove）修订。由吉恩·汤普森·格罗夫提供。

关键朋友小组的成员通过参考和比较学生作业的一些草案、同伴互教以及全国学校改革部（NSRF）咨询草案（如表 3.10 所示），鼓励教师将他们的实践公开以获取同伴反馈。统一学生作业标准的主要意图不是责备或改变教师，而是让教师对他们在教学中遇到的麻烦进行交流，为他们提供更多选择权。陈述问题的教师拥有最终的发言权，营造相互信任和安全的氛围对关键朋友小组和辅助者都极其重要。教师们若能直言他们教学脆弱的一面，信任度则会大增。表 3.10 是咨询草案的提纲。

对陈述问题的教师和小组来说，咨询草案最大的用途就是：利用有效的反思性提问技能挖掘深层思想。表 3.11 是全国学校改革部（NSRF）提供的反思性提问指南，包括一些好的和不好的探究问题和可能性问题的例子，这些问题对帮助小组成员拟订发人深省的问题有所帮助。

表 3.11 探究问题

简明问题与探究问题很难区分，还有行动建议。下面简单解释一下他们之间的不同：

简明问题是简单的事实问题，主要阐明两难境地，抛砖引玉，好让小组成员提出更好的探究问题和建议草案。简明问题由小组成员提出，不要超过陈述者提出的两难范畴，回答也要简明扼要。可以做一个简单测试：陈述人是否需要思考后才能回答？如果是，它基本上算是一个探究问题而不是简明问题。下面是一些简明问题范例：

· 项目要花多长时间？
· 将学生怎样分组？
· 该项目中学生可获得一些什么资源？

探究问题帮助陈述者对手头问题进行深入思考，或是一个简明问题，或是一条建议。如果你发现你在问"你不认为你应该……"，这就不是探究问题了。真正的探究问题陈述者没有预备答案。

问探究问题并非易事，我们建议：

· 检查一下你要的问题脑子里是否已有一个"正确"答案，如果是，就别问。
· 参考陈述者问题的焦点，思考他需要你帮助什么？
· 检查你是否在添加议程，如果是，马上回到陈述者议程上。
· 有时一个简单的"为什么"就很有效。

- 使用动词：你害怕什么？想要什么？得到什么？承担什么？期望什么？
- 想一想舒适、冒险、危险之间的联系，把它们当作晴雨表，不要怕冒险，也不要将陈述者推向危险之中。
- 探究问题是个连续体，一端是建议，另一端是最有效的探究问题。思考下面咨询会议的例子：一位教师陈述，她想弄明白为什么她班上数学最好的学生不做有趣的数学作业。

——你可以让学生用红字标题评价他们自己的试卷。（建议）

——你会让学生用红字标题评价他们自己的试卷吗？（与探究问题相关的建议）

——如果学生用红字标题评价他们自己的试卷，结果会怎样？（以探究问题方式陈述建议）

——在学生眼里，什么样的数学题才有趣？（好的探究问题）

——怎样才能转变学生，使他们为自己学，不是为你学？（更好的探究问题）

总而言之，好的探究问题具有以下特点：

- 具有普遍性，广泛应用
- 不责备他人
- 有多种回答
- 能产生变化
- 使人具有解决问题，走出两难境地的能力
- 避免"是"、"不是"回答
- 通常很简单
- 慢慢引出答案
- 将思考转向反思
- 鼓励换个角度看问题

最后，建议采用以下问题实验。有些问题选自夏洛特·丹尼尔森（Charlotte Danielson）的《连通工作》（教育测试服务中心，1999），她把它们称作"调停问题。"

- 你为什么认为是这种情况？
- 为何必须改变什么？
- 你觉得什么是对的？
- 你有何愿望？
- 你可能采取的其他办法是……
- 如果……会怎样？

- 如果……你认为会发生什么？
- ……与……有什么不同？
- 你认为会有何影响？
- 你采用了什么标准？
- 你何时经历过类似情况？
- 如果……你可能在课堂上见到……
- 你如何决定/确定/总结……
- 你担心的是什么？
- 当……时候，你的意图是什么？
- 你认为正确的是什么？
- ……和……之间的联系是什么？
- 如果这样，那么？然后？
- 你的……假设如何影响你的思维方式？
- 为什么你会处于两难境地？

下面是一些探究问题：

- 为什么直截了当是最好的介绍这一概念的方式？
- 你对教材的感受如何影响你选择教学方法？
- 在学生看来，什么样的作业才是好作业？
- 你观察到这个学生的作业没有中心——何以见得？
- 涉及到的学生如何看待这个问题？
- 你对时事的观点如何影响你设计这项活动？
- 为什么没有请科学课教师参加这个单元的设计？
- 你为什么认为这个团队没有导向跨学科课程设计？
- 怎样才算理解了这个数学概念？你怎么知道学生"理解"了？
- 为什么允许学生自己提出问题对你来说成为一个问题？
- 你为什么认为这个单元的预期结果不能通知家长？
- 你布置一些学生监督小组活动，你的意图是什么？
- 你从这个学生的作业中得到什么证据证明她的概括能力提高了？
- 你认为学生家长没有参与是重要因素，这个假设对你的行动有何影响？
- 你对学生的期望值如何影响学生在该项目中的表现？
- 如果你把你的专业目标通过问题讲出来，结果会怎样？
- 你考虑过其他与家长交流孩子学习状况的方法了吗？

来源：吉恩·汤普森·格罗夫（Gene Thompson-Grove），埃多拉·弗雷泽（Edorah Fraser），费思·邓恩（Faith Dunne），《探究问题手册》，和谐教育中心全国学校改革部。吉恩·汤普森·格罗夫授权。

要组建关键朋友小组，行政人员、教师、指导教师都要齐心协力，教师要定期开展活动，行政支持必不可少。

辅助模式 此外，每个关键朋友小组还要挑选一位专业知识丰富、谙熟交际技能和策略的辅助者，负责教会小组成员提问的技能，帮助成员提出一些发人深省的问题（Appleby，1998）。关键朋友小组最主要的目的是打破传统标准的障碍，建立专业学习共同体，而不是分享各自的实践经验。关键朋友小组不是公式化的组织，每一个关键朋友小组都有其自身的特点，这一点对小组及成员来说尤其重要。

行动研究小组

一位大学教授出任一个八年级教师团队的指导者，这个团队希望通过几个单元的小说、非小说材料的学习提高学生的阅读分析能力。在教授的帮助下，这个团队设计了一个测量工具，在实施新的读写策略之前和之后，分别对学生的学习情况进行测量。除此之外，他们还设立了合理的预期目标，指导者还给他们提供理论、研究和读写技能的支持，他们很快将这些理论、研究、技能运用在教学中。教师定期收集非正式课堂评价资料，两周开一次会，与指导教师一起分析、设计下一步任务。教授咨询秋冬两个学期分别进行一次。

定义 一些教师为了得到课程、教学或评价的咨询而组成小组，由一位大学教授担任辅助者，为他们提供相关的信息和资源。行动研究小组形式多样，受数据资料的限制，通常需要一年时间，卡尔霍恩（Calhoun，1993）提出三种类型的行动研究小组：

1. 由一位教师承担咨询任务。
2. 教师小组成员相互协作。
3. 研究涉及全校教师。

组织结构 无论小组怎样结构，行动研究的步骤是一致的。萨格（Sagor，1992）建议采用以下步骤：

·清楚地解释问题所在以便提出咨询问题。问题要以教学为主，并且值得教师花时间进行探究。高校教师为行动研究提供有参考价值的资源和有洞察力的专业发展方向，并向教师传授他们尚不熟悉的研究方法。

·收集资料。资料有很多种，包括现存资料（如成绩测试、分数等级、纪律评语等）和进行采访和调查所获得的资料。萨格（Sagor，1992）提出要设计一个模式，清楚地展示要研究的问题和三种要收集的数据资源。

·分析资料。将资料进行分类、梳理。

·汇报研究发现，确定行动计划。研究发现与其他教师进行交流很重要，要利用图表和文本，清楚地呈现研究发现和洞察。此外，研究还可能引发新问题，与辅助者探讨如何使用数据等问题有助于引发教学实践的讨论，建立学习共同体。

辅助 行动研究的时间短则几个星期、几个月，长则达几年。高校教师或外校顾问担任辅助工作，给予理论和实践上的指导。从根本上来说，行动研究是一个通过系统方法获取问题答案的咨询过程。

全员学习小组

有一所中学，70%的学生解题能力达不到州数学评估标准，这所学校需要改进教学，本州的辅助人员和两位顾问与该校的教师委员会一起帮助该校建立了若干个教师学习小组。全体教师被编到各个小组，一起探讨数学解题能力的问题。在州辅助人员和顾问的指导下，校委会成员掌握了辅助每个学习小组的行动计划步骤和辅助技能。校委会成员将需要咨询的问题一一列出来，供学习小组研究。咨询内容非常广泛，如教师知识结构、数学项目和课程、反映教学的课堂评价、课程类型、分组情况、学生自评、能力指标、时间、专业发展以及相关的资源需求，等等。每个小组解决一项内容，负责提出研究问题，收集数据，形成假设，还要制定下一步计划，为本小组负责的研究课题提出行动建议。每个小组都要做行动记录，并发放到各个小组。在此期间，小组成员每周开一次会，启动行动计划并收集其他小组反馈的信息。教师会优先考虑此项行动，并确定实施期限。

定义 全体教师组成小组，利用行动研究程序，共同制定计划，共同确立目标和专业发展方向。每个行动计划小组定期活动，并确保全校信息畅通。通过精心安排，将全体教员纳入整个学校的改进计划中。默菲（Murphy，1991，1999）、默菲和利克（Murphy，Lick，1998）创造了一个新术语"全员学习小组"，并陈述了小组程序。成立全员学习小组前，首先要分析广泛的数据资料，了解学生需要——这是最重要的，然后，教师选择加入学习小组。小组学习是行动计划的前提条件。

组织结构 在学校的统一领导下，全体教师参与学习小组的学习——制订行动计划，实施并评估行动计划。小组定期开展活动，设计课程，互相指导，挑选教学材料，学会使用新策略，分析学生作业，研读专业论文、期刊和教学书籍，确立专业发展目标（无论独立或在专家指导下）等。持续监控很关键，每月都要检查行动计划的进展。

辅助 默菲（Murphy，1999）建议将全体教师以6人为单位组成若干个小组，每个小组要有一名辅助者，可以由具备辅助能力的小组成员轮流担任。学习小组也要留出类似行动记录的时间对小组学习进行总结，还要鼓励小组成员进行个人反思。根据学习小组行动计划的特点，小组学习方式也有所不同。全员学习小组一般可持续一年或更长时间。

小结

学习小组和教师学习有许多要注意的事项，例如，在默菲的模式中，多数学习都与全员学习小组的长期任务融合在一起，每个小组又根据各自的行动计划采用适当的学习小组工具。与之相对照，学校的学习只是教师学习的一部分，例如，圣约翰逊伯雷学校的小学教师积极参加读写培训课程的学习，邀请教师领导者和读写课程指导员示范指导，不断完善读写课教学，学校的在职会议、教职工会议和小组会议都为提高和反思教学服务。次年，该校又出现了读书小组、拟订了学生作业评阅草案。目前，也就是该校读写项目实施的第三年，中年级也开始采用这个模式。

其他学校还创立了关键朋友小组，对小组学习感兴趣的教师接受辅助技能的培训，与其他教师组成小组，共同发展专业能力。表3.12 提供了反思性实践的概要，也列举了此类学习小组可能做的事情。

建立全体教师和行政人员共同参与教学的学习共同体，能够改善学校内部各种关系、教师实践以及学生的学习，全员学习最终能够改变学校。圣约翰逊伯雷一位教师说得好："小组学习给我提供了在教学中学习和成长的机会。"

构建学习共同体同样需要领导的大力支持，第四章将深入探讨在引导和支持专业学习共同体时领导所发挥的重要作用。

表 3.12　反思性实践

进行反思性实践的教师最好能够支持其他教师的反思，反思性实践是小组学习的主导原则。	
什么是反思性实践？	反思性实践就是在教学前、教学中、教学后对自己所采取的行动进行思考，以决定是否需要进行调整。 反思性实践可以是个人反思，也可以通过与其他人的交谈来实现。
反思如何帮助教师提高教学？	反思性实践帮助教师： ·看到处理教学情境的方法不止一种。 ·弄明白课堂上为什么学生有时回应、有时不回应。 ·在需要时寻找可利用资源，如同伴。 ·运用（给学生）反思性实践或模式，培养学生学习中的反思气质。

反思性实践 个人或互动日志	日志可以帮助反思。指导者和被指导者的思想都可以被简短记录下来，用以回顾需进一步讨论的那些事件。日志或日志式对话很有用，但是要把握一个基本原则：谁是日志的读者？记录的信息有何用处？
认知指导	认知指导包括会前会、课堂观察和会后会。指导者利用苏格拉底式对话帮助教师进行自我评价（Spark，1990）。
同伴互教	同伴互教包括会前会、课堂观察和会后会，一般至少要进行两轮同伴互教。同伴互教有很多种形式，包括反映（观察、记录、不进行阐述）、协作指导（传授技能或课堂管理策略）、专家指导、帮带（直接给出反馈意见以提高学生学习成绩）。
学习小组	为了探讨专业问题，小组成员聚在一起，用一定的时间或评论一篇论文、一本书，或探索某个特殊问题的解决方案。学习小组分为很多种类型。
读书俱乐部	读书俱乐部由两位或多位教师组成，为了学习更多教学知识阅读专业书。读书小组每周或每月聚一次，通常是在放学后，有时也通过网络沟通。
解决问题小组	解决问题学习小组通过解决问题的一系列程序解决小组的重要问题。
同伴互教学习小组	在同伴互教学习小组里，教师结成对子，着重研究与教学实践、教材、组织管理有关的问题。教师在研究文献资料、应用新实践、互相观察课堂、整理教学材料、给予反馈时互相咨询。
作业分析小组	评阅学生作业要有统一标准，或具体步骤。评阅的目的是确立基准（benchmark），发现学生是否进步或达标，帮助教师反思教学，了解学生的思想。
关键朋友小组	关键朋友小组是全国学校改革部创设的组织形式，通常由3～12名教师组成，由训练有素的指导者领导，采用一些特定的组织方式（如参照标准和学生作业标准），最终目的是为了提高教学，促进学生的学习。
行动研究小组	行动研究采用系统的咨询程序回答问题，可以由一位教师、一个小组或全体教师承担辅助。行动研究程序包括以下步骤：①阐明问题并进行研究；②收集资料；③分析资料；④汇报研究发现和确定行动计划。
全员学习小组	全员学习小组将所有取得教师资格的成员纳入学校的整体计划中，教师被分成若干小组，采用解决问题的程序，收集、分析资料，设立目标，开发实施并评估行动计划。

第四章 建立指导制

最近，关于促进学生学习的教育文献明确指出：学校必须为领导者、领导小组和教师创造参与协作学习的机会，这些协作的机会可以加强实践，提高教师满意度，促进学生的学习（Elmore，2002；Fullan，2002；Joyce，Calhoun，1998）。

尽管部分学校正在采用协作学习的模式，但协作实践还没有在所有的学校形成统一的规范。遗憾的是，专业发展通常局限于为期一年的在职培训或暑假的研究生课程学习。教师普遍认为他们工作的每时每刻都属于教室，不必与同事来往，这样的一种观念不可能有效促进所有学生的学习。

学校怎样才能创造出一种支持成年人学习和教学的环境，并提供促进学生学习的机会？建立指导制是朝着成年人协作学习方向发展的一个好方法。在指导关系中，指导者是合作伙伴，而不是专家、权威人士或医治者。如果两位同伴相互信任，那么指导关系就会有良好的发展。在这种关系中，很重要的一点是指导者为合作伙伴带来了有益的技能和方法：

- 只倾听，不发表意见。
- 观察课堂教学，描述课堂所见。
- 运用技巧，建立可信任的指导关系。
- 严守秘密。
- 利用开放式问题或苏格拉底式对话帮助反思。
- 从被指导者身上找到解决办法和策略。
- 根据数据确定目标、分析问题和评价成功。

·运用交流策略促进思考和学习。

指导者的工作是支持和提高学校领导的技能、利用资源的能力和创造力。指导者提出协助学习，这是领导不可能单独完成的事情，需要全体教员参与、支持。领导指导制和同伴指导制提供专业发展机会，专业发展有利于提高工作能力，并最终服务于所有的学习者——成年人以及他们所教的学生。指导制以反思、内容、实践和关系为重点，指导学习者和教师如何在专业学习共同体内促进学生学习，提高整体满意度。

领导技能指导

学校的领导可以建立指导制，进行一些必要的改革，使教师和学生都成为高效的学习者。有了指导制的支持，课程指导主任、校长和督导员可以提高领导技能，满足特殊的需要。领导指导者可以帮助领导深入理解教育改革的过程，包括其复杂性和挑战性。指导者可以帮助领导掌握一定的技能和策略，把学校发展成一所高质量的学校。

领导指导者既支持资深领导也支持新任领导和领导小组，因为他们都关心学校的发展。此外，学区越来越意识到有必要给教师一定的头衔，因此他们设立了一些带头衔的岗位，如负责分配任务的教师、负责读写能力培养的教师、数学课教师领导者、数据指导者和科学课协调员。有才能、有动力、有创意、勤奋的教师正在履行这些新岗位，当他们试图了解他们的工作性质是什么，他们需要采取什么样的技能才能达到目标时，他们就要寻求支持。领导指导者正是为这些新领导提供支持和技能帮助的人。一位新手是这样描写她第一年任读写课领导时所需要的技能、知识和部署的：

被雇为学区的第一位读写协调员，我感到很激动。但我刚从学校出来，有太多需要学的东西！我的任务是协助教师提高K-3学生的阅读能力，收集的数据用于决定发展方向。关于制度改革、领导关系、交流风格和内容，我知之甚少。我的指导者帮助我找到了重点，让我尽快了解这一切。我们每周都开会，这有助于我们建立紧密联系，这些会议有时在学区办公室、有时在我的起居室举行。我们彼此信任，营造了积极的学习环境。我需要了解整个学区的交流制度，该学区管辖方圆 30 英里内的 5 所学校。我学会了做行动记录，确定时间界限，与新的读写委员会共同设计议事日程，提出恰当的方式及时传达会议记录和改进教学的行动信息。

我需要了解内容，依靠我对读写课已有的知识开展工作。我的指导者给了我很多要读的书，建议我参加该去参加的会议。这些专业发展活动让我有机会与读写知识丰富的人进行交流，他们懂得的比我多，我学到了很多东西。

我和读写委员会一起学习，我们进行阅读，根据协议确定学生的作业，根据收集的数据和教师的要求办工作坊。我们是一个学习小组，经常在校内或放学后继续忙于讨论。

我学会了如何向其他的学区行政人员和学校董事会汇报情况，我的交际、组织、人际关系及表达能力正在进步。我与我的指导者商定这一年里继续帮助我一段时间，这样我就不至于脱离正常的轨道了。我知道我的指导者懂得如何帮助我。

领导指导者既与经验丰富的领导一起工作，也与新任的领导一起工作，因为他们对自己的实践很感兴趣，有志于提高领导能力。顾问经常担任校长和课程主任的指导工作。一位重视提高学生阅读能力的新任校长意识到，不是所有的教师对学生的阅读理解能力都有着一致看法。尽管校长有明确的目标，但她不知从何开始。通过和指导者进行磋商和交谈，她制定出一个计划，让教师有机会观摩最好的阅读理解实践示范课，让他们参加一年四次、每次半天的研讨会，处理和解决与新的学习有关的问题。一位阅读专家签约指导这项工作，校长和教师一起学习，建立共同的语言，制定一系列提高阅读理解能力的策略。校长有时也打电话给她的指导者，讨论提出的观点及往后的步骤。

在另一次领导咨询会上，我们担任某学区的课程主任的指导工作。教育局长担心学校董事会会把指导合约看成是课程主任无能的表现。其实，把合约中的措词"指导"简单地改为"咨询"就解决这个问题了。语言表达并不重要，关键是互动的性质、进行中的支持以及需要时能得到专家意见。

领导指导制有助于发掘一个人的领导才能。指导制可以帮助领导实现教育目标，把他们所做的事情与其对他人产生的影响联系起来。指导者可以帮助领导反思他们的行动，使他们了解在推动学校前进中采用的方法。

聚焦指导关系

发展一个人的领导才能是一个复杂的过程，应该首先确定这个人的哪些专业任务将会得益于与指导者的合作。我们借用迈克尔·富兰（Michael Fullan，2001）的核心能力概念：领导者应设立一个领导能力培养目标框架，该框架是指导关系的核心。

道德目的　心怀道德目的的领导关心学校，他们追求的是所有学生和教师的良好表现。他们坚定不移、值得信赖，心怀道德信念。

改革过程　领导有必要了解改革的过程及其曲折的道路。在改革的头一年信心会下降，意识到这一点有助于领导继续支持这个组织。领导还需要了解在改革中促进组织发展的各种不同的领导风格。例如，戈尔曼（Goleman，2000）把对组织有积极作用的领导风格分为如下类型：

指导型：培养别人在领导职位上的服务能力。

关系型：建立人际关系，重点考虑小组的需要。

民主型：请求输入信息，形成共同的理解和初步行动。

模范型：以实例和期望作模范——行动比语言更有力。

建立信任 努力建立和维护信任，改革的成果才得以持续发展。要理解别人的行动和反应，领导必须能够分析和监控自己的行动及反应。善于维持良好关系的领导能够发展高水平的情感智商，易于产生共鸣，他们有着很强的社交能力。

构建知识 要使改革继续进行下去，就需要构建知识，并与其他人分享知识。人们要有机会分享和构建知识，领导也需要定期不断地扩充知识。

构建和谐 在改革进行期间，人们经常感到困惑，无所适从。在此期间，很重要的一点是领导者尽量阐明意义，建立和谐关系。

领导需要发展这些能力，领导指导者可以给他们提供支持。表4.1 提供了一个自我评价和确定目标的方法，用于排列事情的优先次序，可供行政人员和教师领导者与领导指导者合作时使用。

表4.1　领导目标的确定：确定与指导者合作项目的优先次序

步骤 1　利用富兰的领导体系，阅读每项核心能力和问题提示，在每个框格填写反馈内容。	
核心能力 *	调查的反馈问题
1. 有明确的道德目标	是什么驱使我对教师、学生和学习共同体进行积极的区分？ 我需要把环境变得更好吗？我已经这么做了吗？在哪些方面？ 我如何帮助缩小成绩好与成绩差的学生之间的差距（读写、数学、科学和社会学）？ 我如何投入到本校及学区所有学校的系统改革中去？我如何协助这些改革的进行？
2. 理解改革过程	我进行了多少革新项目？我是否把精力集中于一些合理的改革？ 我是否宣布了命令并要求人们执行？我是否与别人一起合作，明确意图，支持改革？ 我是否真正理解"施行下坠"（即迈克尔·富兰所说的

步骤 1 利用富兰的领导体系，阅读每项核心能力和问题提示，在每个框格填写反馈内容。

核心能力 *	调查的反馈问题
2. 理解改革过程	改革过程中无可避免的短暂困境）的意义？在第一年，当改革进展不顺利时我是否能一直给予他们鼓励和支持？关于"施行下坠"我需要了解什么？ 我如何有效地应对怀疑者和反对者？要跟他们合作我需要运用什么技巧？ 我是否支持新的学校文化？人们是否谈论和评价我们的改革？人们一起工作时方法是否有差异？我是否提供机会让他们讨论改革、观摩实践、访问进行类似改革的学校？我是否只是改换了名称、角色和责任？
3. 建立积极的关系	我是与各种各样的人还是只与我想法相同的人建立关系？我是可信赖的吗？我是否关心与我有关联的人？ 我是否支持专业学习共同体的发展？专业发展是否包括每一个人——而不仅仅是某些团体或教师？ 我有自我意识吗？我是否注意到自己的情感状态并能控制好？我是否认同和理解别人，我是否有良好的社交能力，懂得如何启发和激励别人？需要时我是否改变我的领导风格？
4. 使知识分享具有文化价值	我是否为行动调查、开小型会议的学习小组或调查小组提供机会，我是否与较大团体交流？ 我是否把知识积累和学习变成一个社交过程，人们可以坦诚地分享他们学到的东西？ 我是否能使人们增加组织内外的知识？
5. 在繁重负担和小组活动中与大家齐心协力	我是否适应改革带来的复杂性，在寻找解决办法与和谐关系时我是否能找到重点？ 我是否帮助其他同事检查学生成绩的数据并明白信息的评判意义？我是否帮助同事分解数据？我是否鼓励同事就弄清疑惑的模式进行假设？我是否帮助同事根据和谐关系的数据设计行动计划？

步骤2　优先排列五个核心能力。

1.

2.

3.

4.

5.

步骤3. 你和指导者主要关注哪些核心能力？你自己可以进行怎样的调查、做出怎样的反思？你如何把这些思想用于实践？

步骤4. 对于优先排列的顺序，你要和指导者一起研究，确定目标、限制时间、制定计划，评价自己的进展情况。把这些项目作为出发点与你的指导者进行讨论。

重点：

目标：

时间限制（预计6个月、1年、2年）：

计划：你如何知道你已实现短期和长期目标？

---

* 引自迈克尔·富兰（Fullan, M., 2001）《引领文化变革》，加利福尼亚州三藩市约瑟巴斯出版社出版，版权所有约翰威立父子出版公司。

挑选指导者

学校领导求助于指导者，这种情况可能有利也有弊。学校的情况可能已规定你应该是从校内、校外还是从学区外挑选指导者。考虑以下的问题：

·让别人知道你接受指导者的帮助会使你感觉不自在吗？

·你是否更愿意选择学区外的指导者，因为他们可能带来不同的观点？

·你是否想和校内或学区内的指导者合作，建立或促进指导制文化？

挑选校内、校外还是学区外的指导者，其各自总的优势和弊端见表4.2。

表4.2 挑选"校外"或"校内"指导者

	优　势	弊　端
校外指导者	从外来者的角度审视组织的文化。 专家评价、讨论会和过去的成功经验。 明确约定开会次数。 可选择保密。 被学校董事会看做长处。	对领导的风格和理念可能不一致。 费用较高。 被学校董事会看做弱点。
校内指导者	熟悉校内文化。 可以协助建设指导制文化。 费用较低。 和谐一致。 在本地，方便联系。 也许有很强的技能或愿意提高技能。	太熟悉本校，不能客观评价。 可能对文化或学校人事有偏见。 因为其他的任务，不能保证开会时间。 指导技能较弱。

决定指导者是来自校内、校外还是学区外之后，下一步就是列出你要挑选的指导者应具备的品质特征。见表4.3提供的指引。与

有实际经验的人合作很有必要，因为她的实际经验与你的任务有关联，同时，她是一名有才干的指导者。了解可能成为你的指导者的人是否经常成功地指导别人，这一点很重要。在与指导者会面时，请她详述成功的例子。询问指导者对指导制的看法，这又是一个让你获取信息的好办法。请她出示介绍信，谈论她曾指导过的人，尤其是要请她谈一下什么是信任关系，这些都可以让你获得宝贵的信息。留意观察她的态度是否积极、诚恳。通过会面，了解指导者是否具有各种各样的实际经验，是否有能力解释和证明成功的原则。同时，还要确定她是否擅长解决冲突，善于与小组合作、与各种各样的人有效地交流。

表 4.3　挑选领导指导者的方案

个人品质	实际经验	技　能
这名指导者是否能够告诉你她对指导制的看法？	该名指导者有能力做她所做的事情吗？	她是否被别人信任？
该名指导者和你进行有效的交流吗？她是如何与你进行相互交流的？	她是否成功地指导过别人？请她举例。	她是否具备解决冲突、与小组合作、与各种各样的人进行有效交流的技能？
她的意见是否得到尊重，人们向她寻求专家意见吗？	她是否有各种各样的实际经验，是否有能力解释或证明成功的原则？	她是否了解改革的过程，了解标准的课程、指导和评价，她是否懂得如何发展学习共同体？
她是否采取积极和支持的态度？		

同伴相互指导

正如领导指导者的工作是支持行政人员和教师领导者一样，同伴指导者的工作是帮助其他教师改进教学。同伴相互指导一开始是为了在最初的教员训练之后帮助他们运用新的教学方法（Joyce，

Showers，1983），从 20 世纪 80 年代起，同伴指导制得到不断的发展。同伴相互指导是一种合作关系，支持教师学习教学技巧，帮助他们改进教学，促进配对教师间的合作。把精力集中于教学实践是极其复杂的，"要求人们在一个共同的、互补的专门技能的网络中运作"（Elmore，2002）。

在相互指导过程中，同伴根据既定的协议进行观察和相互指导，该协议是计划的重点，在一致同意选定教师示范课之前就设计好了。这与会前、观察期间和会后的监督评价过程类似，但这只发生在两名学教师之间，绝不用于契约性的累积性评定。同伴指导制运用于指导实践，其目的在于促进学生的学习。在同伴的指导下，教师改进教学策略，实施新的教学策略，解决课堂管理、教学或评估问题，其效果十分显著。表 4.4 总结了同伴相互指导的目的。

表 4.4　同伴观察与指导的目的

同伴观察者和指导者提供促进教学的宝贵方法，也为开展下面各项活动创造机会。 　·解决教学问题。 　·分析教学的某一方面供教师思考。 　·学习新理念并在课堂实施。 　·分享课堂管理技巧。 　·运用新的教学方法并得到及时的反馈。 　·从不同的角度观察，报告一致选定的观察区。 　·示范教学，学习同伴的新的教学策略。 　·观察某一具体技能的专家指导或示范指导。 来源：马萨诸塞州阿克顿的《优质教学研究报告》和《同伴指导制介绍》（Wolfe，Robbins，1989）。

当一位擅长某一项教学策略的同事在帮助另一位同事实施这项策略时，这就是同伴间的相互指导活动。下面是一位教师观摩了经验丰富的同事的示范课后做出的反思：

> 作为一名幼儿园教师和小学组的成员，我的同事们促
> 使我参加一个早期读写学习会议，在会上他们希望我能把

读写学习列入幼儿园的教学。我所在的幼儿园一直很注重培养幼儿的交际能力，我的教小学一、二年级的同事们告诉我这不足以让孩子们具备进入小学一年级学习的知识和技能。突然有一天，我开窍了！我作为一名观摩者，观摩另一名教师在我所教的班上课，他示范一次阅读活动，采用解决问题的教学方法。我简直不敢相信，孩子们不仅积极参与阅读任务，还不断被要求多读些东西！我无法形容我的感觉，我相信我所教的是一个优秀的班，在这里我的学生告诉我什么是真正积极的读写学习过程，我进步了。第二天我开始参与同伴指导活动，它给我的教学带来了新的活力，帮助我确定了读写学习的高质量的目标，我成为小学读写与学习小组的一员，这是真的："黄口孺子也能说出至理名言。"

挑选同伴指导者

教师需要把握好自己的学习，包括在同伴相互指导活动中的学习，一旦将教师配对，就决定了同伴指导活动的过程。配对的同伴开展同伴指导活动，有时达不到理想的效果，这说明配对不合适。讨论同伴指导的价值，提供同伴协作的机会，这些能让教师对自己的学习有所了解，有利于挑选适当的同伴。表4.5列出了一些挑选指导同伴时要考虑的问题。

表4.5　挑选同伴指导者

挑选指导同伴时你需要考虑以下问题：
·我相信这个人吗？
·我是否能够、是否想和这个人建立专业关系？
·我们是否都有参与教学实践的愿望？
·我们是否都愿意冒险，暴露我们自己的缺点并从中学习？
·我们是否都愿意从繁忙的工作中抽出时间参加同伴指导活动？
·我们是否都愿意真诚地学习和经历指导过程？

为了促进学生的学习，教师不仅要考虑如何教、教什么，还要考虑如何了解学生的学习。因此，反思教学实践很重要。善用询问技巧有助于达到这个目的。路德曼（Routman，2000）清楚地描述了询问过程。要提出一个问题，教师先要进行思考。在询问期间，思考各种不同的观点以及相反的意见，收集和分析数据，最后得出新的理解。然后，带着新的"我想知道"问题，开始新一轮的询问过程。下面是一份清单，列出询问可能涉及的范围，当教师想了解和改进标准教学实践时，可作参考。

·分享对微型课堂的反馈意见，微型课堂的重点是学习策略的学习。

·在微型示范课堂上使用边想边说的方法。

·设计和实施标准课程、日常课程及单元。

·创建以学习为中心的课堂。

·管理以学习为中心的课堂。

·建立和执行高质量的、依据成绩的评价制度。

·利用数据帮助教师做决定。

·精心构思学生的自我评价制度。

·改善讲授的内容和学生的学习。

·在课堂上利用技术。

表4.6　关于有效的同伴指导活动的专业发展

在同伴指导制中设计专业发展时，请考虑这些要素：

·训练者有经验，利用模拟、录像、示范和模仿来传递技能、方法和策略。

·训练开始时有足够的时间学习概念和方法，为了听取报告和检验在学校里实施的方法，一年中至少有三次随访的机会，最好是半天或不少于2小时。

·训练由同伴指导活动的既定过程、无数的模拟练习以及对以下技能的反思组成：

　　只倾听，不评判

　　提供和接收反馈

　　善用提问技巧

> 发挥数据收集技能，确定观察重点
> 接受冲突
> 接受不同的学习风格
> 了解成年人学习的发展步骤
> 设计同伴指导活动周期
>
> ---
> 由葛斯顿（Garmston，1978）、莱格特和霍伊尔（Leggett，Hoyle，1987）、罗宾斯（Robbins，1991）提供。

　　只建议全体教职员工开展同伴相互指导活动是不够的，学校应该为这种协作提供训练和支持。如果同伴间的相互指导是提高教学的一种有效的方法，学校应该提供高质量的专业发展机会，分配资金，安排后续的开会时间。为同伴指导活动设计专业发展时，请考虑表4.6提供的要素。

　　专业发展进展顺利，它引导教职员工积极参与同伴指导制，这时你需要重点做好计划。好的计划使同伴指导者在观察教学演示、收集数据时有明确的目标。计划周期包括观察前开会讨论教师和学生的需要，确定在教学演示时指导者要收集的具体数据。教师选择和设计数据收集系统，充当指导者的角色。接下来，指导者采用预备会议上大家一致赞同的观察系统来观察课堂。指导者分析观察数据，然后采用最佳的方式与教师分享信息。观察后的会议可以让同伴指导小组解释数据，确定改进目标，为下一次的指导周期提供依据。最后，小组成员反思这次的经历，互相提供对这一过程的反馈。要改进目标，同伴指导关系至少要持续两轮（即对每位教师进行两轮观察），这一点很重要。同伴指导要求指导者和教师交换角色，使两人的课堂教学都得益。表4.7概括了同伴指导相互作用的五个步骤。

表 4.7　五个阶段的指导模式

这个指导模式适用于指导者与新教师之间的合作。我们建议进行两轮完整的指导，以协助和支持改革。

阶段	描述	指导记录样本
观察前会议*	讨论标准和论据、学生优缺点、课堂管理、讲课策略以及即将到来的课堂（例如，教学活动或常规教学）的学生评价策略。讨论教师关心或感兴趣的事情。	打开话题的提示：为了改进教学，你所关心的是什么？ 一位中学一年级的数学教师非常关注她所教的其中一个班，因为这个班的表现很特别。她在其他班上课都很顺利，但对上好这个班的课却没有信心。她请我观察这个班，并记录在上课的 50 分钟内发生的事情。我们一致决定我将观察所有学生的行为，用代号表示他们的执行任务行为（T）、不执行任务行为（O）及破坏干扰行为（D）。
	教师和指导者都同意在观察期间收集个别学生及教师行为的数据。他们也选择或设计一个数据收集系统。	我将观察 16 名学生。我会观察每名学生约 1 分钟。观察过所有的学生后，我再重复这一过程。我计算过每个学生我将花 7 分钟的时间。
课堂观察	指导者采用观察前会议一致同意的观察系统对课堂进行观察。 指导者只收集预定的数据。	（摘自观察记录） Ray　TTTTOOTTTTTTTOOTT Denise OOOOTTTTT TTTTT TT T Charles TTTTTTTTTOO TTTTTTT Ed　OOODDDDDTTTTTTTDD Sue　TTTTTT OOTTTTTOOTTT Marjorie TTTDDDDDTTT TTTTDD

阶段	描述	指导记录样本
分析与策略	指导者分析观察数据，采取最好的方式向教师报告这些数据。 指导者决定在观察后的会议上采用人际沟通方法。 人际沟通技巧（Glickman, 1990） 非指示性方法——指导者采取倾听、解释、澄清和反思的做法。 协作方法——指导者更多地采取介绍、解决问题和磋商的做法。 指示性的（提供信息的）方法——指导者强调指导性和标准化，向教师提供大量的信息和一定范围的选择。	我用 Excel 做了一个表格，表格上显示每个学生执行任务、不执行任务或破坏干扰的时间。 我用非指导性方法请教师研究表格，问她注意到什么。令她吃惊的是，她发现学生执行任务的时间比她原以为的要多。 我也记录了谁捣蛋破坏、谁专心学习。我们问她从这些数据中她发现什么问题。
观察后会议	指导者分享信息；指导者和教师共同解释数据。教师可以选择一个促进教学的目标。 观察后的会议可能变成观察前的讨论，指导者和教师为既定的教学改革提出新的观察项目和数据收集方法。	我问她如何利用这些数据。她说她会跟学生分享，并把这些数据与他们的成绩联系起来。她说看到学生执行任务的时间比她原以为的要多，她感到欣慰。她感到高兴的是她已把那些不执行任务的学生安排在前面，这样她就可以很容易看到他们。
分析后会议	指导者收集和分析关于这次指导活动的数据。 指导者听取教师对指导者表现的口头反馈。	提示：本次观察活动对你有用吗？如要进行改善你有什么建议？ 教师发现表格数据和条形图非常有用，她很惊讶地发现指导者收集了关于每个学习者的大量信息。 在她利用这些数据进行构思和实施课堂教学后我们将再次见面。

*引自戈登（Gordon, 1991）的五个阶段。

如果新的教学实践纳入教学的技能培养，那么很有必要开展同伴间的相互指导。与独自实施新的教学策略和新的教学模式的教师相比，参与指导活动的教师能够很好地继续使用这些新策略和新模式（Baker，Showers，1982）。

学会数据收集技巧对保持重点是很重要的，也能使被指导者反思和评价这些数据。一个基本技巧就是录音或记录（Acheson，Gall，1997）。在收集数据的过程中，观察者写下教学演示课中的所见、所听。这个技巧的目的是让观察者起到镜子的作用，为教师提供反思的数据。不熟悉这个过程的教师会觉得很麻烦，让教师进行大量的模拟实践会有所帮助。以下是关于如何做记录的一些有益的提示：

· 用不完整的单词表示。

· 每隔2分钟记下一个时间。如果你忘记了什么，记下的时间可以帮助唤起你的记忆。

· 不要做判断，只记下你所听到的。

· 如果你觉得混乱不清了，那么停下、集中精神、记录时间，然后重新开始。

· 不要连续记录，而是每隔2分钟才记录。

选择性逐字记录法（Acheson，Gall，1997）是一种更加集中的记录方法。观察者记录教师所说的话，重点放在教师选择的她所关心的事情上。重点可以包括：

· 教师提问。

· 教师对学生的问题的反应。

· 教师的指示或布置的作业。

· 一般的讲课模式。

· 教师对学生行为的控制。

· 学生对教师的问题的反应。

· 学生提出的问题。

言语流程图（Acheson，Gall，1997）是另一种收集数据的方法，帮助教师了解他是如何用言语和身体语言对学生做出反应的。言语流程图有助于决定在课堂上应该如何禁止、鼓励或允许学生参加活动。观察者绘制一张该班的表格，用符号表示，填上谁做有所贡献了，谁提问了，谁积极发言了这样的内容。教师的问题有多广，学生的回答就有多广。

绘制执行任务的行为（Acheson，Gall，1997）图表也是一种数据收集技巧，教师收到学生学习行为的纪录，以便她在教学会议上进行分析。可以用座位表记录学生的学习行为。观察者必须知道教师对本次观察的期望，还要对所观察的行为做出说明。经常被注意到的行为类型包括学生执行任务、上课不专心、不执行任务或不做任何事情等。

要模拟练习这些数据收集技巧才能熟练运用，在与同伴合作之前，要了解关于技巧、技能和关注重点的反馈意见。配对教师一旦理解隐藏在数据收集背后的原则，他们就能够设计更多的数据收集方式。

运用正确的交流方法去分享观察数据，能够使教师有效地利用这些数据。格里克曼（Glickman，1990）根据教师的发展水平设计了一套人际交往技能方案，可以有效地提供反馈意见。他通过一个发展连续体阐述这些方法，其中的三个方法适用于指导的目的：（1）指导型；（2）协作型；（3）非指导型。

指导型：指导者提供一两个可行的解决办法。当与没有经验的新教师合作时，这个方法很管用。

> 新教师感到很沮丧，因为她的学生理解不了非小说类文学作品，他们似乎什么都不懂。教师自己朗读或选一名学生朗读课文，其他学生在听。指导者问教师大部分的事情是谁做的，教师回答说是她，她不知还要做什么。指导者提供一个有效的阅读理解策略——利用粘贴小便条给课文编码，编码包括一些符号，如用 I 代表兴趣（interesting），BK 代表背景知识（background knowledge），TS 代表课文与自己的联系（text-to-self connection）。指导者告诉教

师，使用这种方法不仅可以让学生清楚目标是什么，也可以让他们在阅读时保持活跃。新教师想用这个方法，但也想先观摩示范课，指导者同意做示范。

协作型：教师们在一起分享想法和进行集体讨论，想出解决问题的办法。两位教师共享想法，以找出最好的解决办法。

一位教师向一位同事说起很难为学生找到能独立使用的书本，因为她所教的班级书不够，而今年也不可能再订了。这位同事主动借给她一些程度适合的书，但数量还是不够。这位同事说在一个柜子里有一些没人使用的书，但这些书还没有按程度分类。尽管有参考书指导如何按程度分类，这位教师仍然觉得独自去做这件事是一件很繁重的工作。这位同事愿意同她一起用半天时间把这些书按程度分类，并决定让他们班的学生共用这些书。

非指导型：同伴或指导者听课，充当镜子的作用，提出思考问题，让教师自己想出解决办法。

一位教师向一名同伴诉说，她对所教的时事教育课程的结果感到很失望。同伴想弄清楚情况，于是问："你能再谈一下吗？""你希望发生什么？"这位教师告诉她的同伴，她让学生阅读文章并准备在讨论时分享他们的想法。同伴问这位教师还有别的什么方法解决这个问题，教师回答说她需要向学生示范如何能够通过标记课文来理解意思，她认为可以用边想边说的方法讲授同一篇文章，向学生示范在阅读时如何与文章相互作用。同伴问她认为这堂课会进行得怎样，教师回答说她相信学生的阅读理解能力会有所提高。

认知指导

认知指导是领导技能指导和同伴相互指导的重要组成部分。亚瑟·科斯塔（Art Costa）和罗伯特·葛斯顿（Robert Garmston）是这项工作的原创者，其创意来自从对思维技巧、慎重监督和发展监督所进行的调查，以下是这项工作的一些重要设想：

·所有的教师和行政人员可以不断发展他们的智力（尚未开发的潜在认知）。

·教师的表现依据是他们的决策技巧。

·善于启发的同伴对教师的认知过程有很大的影响。

科斯塔和葛斯顿（Costa，Garmston，2002）认为，指导制引导一个人的信仰、价值观、行为和目标朝一个新的方向发展。认知指导者采用苏格拉底对话法和提出深刻的问题促使教师进行反思和做出决定。指导者提出试探性问题和运用解释性技巧引出解决问题的办法。其他主要的认知指导技能包括非判断性回答、研究反应的特殊性与准确性、进行解释和等待时机。认知指导者的主要特点是他们具备试探性的能力，他们相信人们具有达到优秀程度的内在能力。认知指导者充当一个中间人的角色，帮助教师对教学和行为进行反思。训练包括以下手段（认知指导中心，2000）：

·维护和谐——人际交往技能，身体意识。

·反省提问——反省提问技巧，帮助教师找到问题的解决办法。

·展现反应行为——等待时机、身体语言、指导者的解释、澄清。

·协调与引导——沟通顺利，引导思考和反应，确定目标，指导者协调行动。

计划协议需在会议后提出，指导者支持教师对教学的反思。表4.8 的例子概括了在认知指导过程中的交互作用的一个类型。

表4.8 认知指导

　　这些是认知指导在会议前和会议后的组成要素。在每组要素之后是指导者与教师的一段对话。这些例子与你作为指导者或被观察的教师所参加过的观察会议有什么相似或不同之处？

会前的提问部分（10分钟或少于10分钟）

1. 指导者请教师详细说明学习目的以及他是如何知道学生在上课时是否专心学习："从学生身上你怎么看得出他们在学习？"
2. 指导者询问达到课堂目的的计划或策略。
3. 指导者询问要支持教师的发展她应该关注哪些方面，教师希望指导者收集什么数据？例如，亲和力、发出指示的情形以及教师的动作对学生表现的影响。

指导者：你能告诉我学习目的是什么吗？

教师：我从一个关于推理的单元开始，因为这部分需要加强。

指导者：你能跟我谈一下你已经做过的事吗？

教师：我利用边想边说的方法，加上图片和诗歌，示范推理的过程。我想为学生提供各种各样的机会来训练推理能力。

指导者：在这堂课上，你有什么计划帮助学生学习推理？

教师：我已经用两种不同的材料示范过如何推理。那么，在下一次课我会跟他们复习推理时他们要考虑的方法。这一次我会给他们一个很短的故事。我想请你检查我的用词是否简单、清楚，我不想让他们觉得很难理解。

指导者：我不是很清楚你想从我这里得到什么反馈。你能再谈谈你需要什么吗？

教师：我希望在学生深入研究这篇短文的意思的时候，你能够注意他们的小组讨论。学生是否参与、积极回应和交流想法，我想弄清楚这一点很重要。是的，我还希望你注意学生参与的程度。

指导者：那对你有什么意义？

教师：我已经做示范，他们也训练过如何参与积极的讨论，我对他们的讨论也提出过几次反馈意见，但我知道他们需要更多的支持。我的目的是让他们脱离刚才在小组里的一系列的答案——他们认为那就是讨论。现在我希望他们从课文中找出证据，交流他们的想法，参与和回应有建设性的对话，扩充他们的理解。我给学生提供很多机会，让他们展示他们对推理的理解。我希望你观察并记录他们的反应。

指导者：那么我要设计编号，设法抓住在每个小组的两样东西？即从课文得出的证据和有建设性的对话的参与程度。

教师：是的，那对我非常有帮助。你能否抓住一些对话？我想听一下他们的对话。

指导者：好的，我会记录他们的一些对话，也使用编号。有几个小组？

教师：有4个讨论小组。

会后的提问部分

1. 指导者采用苏格拉底式的对话提出问题，如："你觉得这堂课怎么样？"或"现在请你回忆一下，在课堂上是什么把你引向那些推理？"

2. 为了发展自我指导，使教师回忆起课堂发生的准确细节，指导者问："如何比较课堂实际发生的和你希望发生的？"或"你还有什么不同的做法？"

3. 最后，指导者也许要求教师运用新的见解："你将如何把这些见解用于以后的课程或工作的其他方面？"

指导者：这是我对各小组的观察得到的数据。你注意到什么？你觉得这堂课怎么样？

教师：噢，我看这些数据时，我发现4个小组中有3个小组积极参与并进行有建设性的对话。从你的记录中，我发现很多学生从课文中寻找证据来支持他们的推理。讨论和参与的程度都比前几周多。我发现对每个小组你都观察了5分钟。

指导者：如何比较课堂实际发生的和你希望发生的？

教师：我很满意对话的参与程度，我相信我的示范、说明、讲授和重复的举例对85%的学生有效。另外，这个小组的表现与我预料的一样——不太投入。

指导者：你会采取什么不同的做法？

教师：我要把他们重新分组。我想那3名学生需要和别的学生合作。只根据他们的阅读水平就把他们分在同一组，这种做法不可取。

指导者：你如何把获得的见解运用到将来的课堂或工作的其他方面？

教师：我需要重新分配小组，使那3个孩子能参与学习并与其他学生对话，让他们有机会观察其他的学生是如何参与对话的。另外，我需要对一些学生进行额外辅导，使他们能继续提高他们的讨论技能。

指导者关注信任和和善的关系，这使教师能够反思他们的教学。

来源：斯帕克斯（Sparks，D.，1990）。"认知指导：采访罗伯特·葛斯顿（Robert Garmston）"。《教师发展》杂志11（2），12-15。

时间与结构

要真正开展指导活动，支持有创意的专业发展，仅有资金是不够的，如果不在日常教学中进行同伴间的相互指导，而不仅仅在训练期间进行模拟，才有利于教学改革，最终有利于学生的学习。

如果领导或领导小组不做周详的计划，指导制就难以实施，而协作反思的美好愿望会变成空洞的花言巧语。遗憾的是，因为支持教师的结构没有建立起来，很多教师并不考虑参加同伴指导活动。

在最初的专业发展之前就做好行之有效的计划可以确保合作学习关系的成功。请记住乔伊斯和肖沃尔（Joyce，Shower，1987）关于实施专业发展的研究：如果理论、示范、实践和反馈在新技能的最初训练中效果是明显的，25%的教师会把新技能转化到实践中，而90%的教师会通过理论、示范、实践、反馈和指导，把新技能转化到实践。因此，即使是最初的同伴指导训练，在实施时也必须有后续的指导支持。

同伴指导的实施需要制定一个计划，这点很重要。一定要安排教师开会的时间，保证有一个私人的空间让他们相互交流，还要考虑制定什么政策和程序来支持指导关系和指导环境。表4.9提供一个支持同伴相互指导的计划列表。

表4.9　支持同伴指导的计划列表

启发思考的一般问题	请给出具体答案
是否每周都为特定参与小组安排时间进行同伴指导活动？	什么时候？
同伴间是否有机会进行电子交流？	我们的网络在运作吗？
是否每个同伴在白天都能使用电子计算机？	在哪里？什么时候？
是否有地方，如小组计划室，可以让他们进行协作和讨论？	他们在哪里开会？

启发思考的一般问题	请给出具体答案
在校期间是否批准他们不上课的时间，以便他们一起工作和互相观摩？	需要代课教师吗？他们是否有报酬？
是否有政策和程序支持学习共同体？工作日的开会时间、报酬、教师协作项目对提高教学及学生的学习是否有价值，关于这些方面有特别的规定吗？	什么政策和程序？是以草稿的形式吗？董事会将在什么时候通过这些政策和程序？

指导制鼓励同伴间的相互协作，但未必提供机会让很多或所有的教职员工参与协作学习。因此，同伴间的支持应该发展成校内和整个学区的一项制度，正如在第五章所谈到的那样。

第五章　领导并支持协作

　　本章的重点是关于在实施全面的同伴支持制度时，领导指导学校或学区所应该具备的技能。处于任何领导地位的人，包括校长、中心办公室人员、部门主任及小组领导，都可以发挥这些重要的技能。这些技能为制度和组织结构的建立提供了共同的环境，这些制度和结构是为了本体系教学与学习的人员取得成功而建立的。

　　尽管这些技能是必不可少的，但仅仅依靠这些也不能造就一个好领导。想象一下这样一位领导：他掌握了当领导的所有技能，但缺乏想象力，独揽大权，对即将到来的挑战缺乏热情。有技能而没有热情的领导只展示了他的能力，不能尽心奉献；有热情而技能有限的领导能激发灵感，却不能很好地发挥才能。

　　学校领导层的工作中心应该是围绕结构和功能的。在 20 世纪 80 年代初，对取得成功的学校研究（Bates，Wilson，1989）得出结论，许多成功的学校都有优秀的校长。这个调查的结果使人们普遍认为校长就是超级英雄。很多学校试图抓住这根救命稻草，其实它们有数不清这样的稻草，但它们试图找到这样一位校长，把它们已有的校长塑造成这位校长的样子。在它们看来，没有自己的超级英雄学校就不可能取得成功。

　　多年以后，制造了数千疲倦不堪的校长之后，我们意识到学校领导层的核心是结构和功能，而不是职位（Glickman，1997）。是的，有一位有能力、有魅力的校长，学校也许能够成功。然而，同样有灵感、有能力的领导也可能来自教师队伍、中心办公室、学校董事会、家长或商界。领导来自这些群体，当他们把领导才能投入到组织的目标中去，学校和学区才最有可能继续走向成功。

学校的目标是实施全面的同伴支持制度，那么什么样的领导策略可以促使大家投入到这个目标中去呢？

制定总体计划

在关于创造力和领导能力的开创性研究工作中，罗伯特·弗里茨（Robert Fritz，1999）提出了结构张力（structural tension）制定过程，使学校或学区能够确定它的最重要的目标和现状。结构张力制定步骤是：（1）确定目标；（2）了解现状；（3）制定行动计划；（4）实施计划。将结构张力制定过程用于同伴支持制度，建造一条阻力最小的道路，在这里我们设计行动计划，确定到期时间和责任，评价结果，调整将来的行动。

第一步——确定目标

假如有一所学校决定实施同伴支持制度，那么可以从两个角度来确定目标：

1. 从解决问题的角度来确定目标：我们安排能力强的教师帮助能力弱的教师，经验丰富的教师帮助经验不足的教师。

2. 从创造性的角度来确定目标：在某一学年，我们成立学习共同体，所有的教育工作者学习互相支持和互相学习，让大家都拥有高质量的教学经历。

是什么使得第二个目标成为一个好的目标呢？它规定了期限（一学年）；它指定了一种产品（学习共同体）；它有效地定义了这种产品（所有的教育工作者学习互相支持和互相学习）；它说明了目标（高质量的教学经历）。

像其他组织一样，学校也是朝着它们的目标前进的。如果目标只是盯着那些年轻的和不太成功的教师，那么可能会引发以下的问题：

· 目标被看成只局限于那些由合约、政策或程序规定参与的教师。因此，走出这个过程是一个成长目标。

·改革的群体被看做是年轻、不太成功的教师，而不是所有的教育工作者。

·是教得不好或教学实习，而不是出色的学习，成为介入的重点。

·这个项目范围窄小，只注重复杂学习过程的少数几个方面——通常只是组织和管理。

·最初，对系统内的个人有很大的影响，但往后影响力几乎没有增加，甚至会变得越来越小。

然而，如果其目的是创造一个适合成年人的学习环境，并最终要使学生获得最佳的学习经验，那么可能会出现以下的可喜情况：

·所有的教育工作者和教师都有共同的目标责任。

·可以利用各种方法明确成功的定义。

·支持系统的结构和策略是包容的，而不是排外的，保持一个大的范围，这样才能发展。

·尽管有各种各样的方法阐述成功的定义，从广义而言，成功应该是为了更多的教师和学生。

当这种全校性范围的方法在佛蒙特中学实施时，一年内，八年级的学生在解数学难题时，达到或超过标准的人数从 37% 猛增到 64%。

确定目标的领导技能。提出你的目标，你希望创建什么样的组织，如重点在于提高解决问题的能力，而不是处理诸如考试分数低这样的问题。

校长和主管人可以根据从上而下的模式建立目标（佛蒙特中学校长正是这样做的），也可以由教师领导者或其他教职工确定目标。不管是哪种情况，领导要协调和分配好资源，支持这些目标的实现，并在学校和学区鼓励和宣传这些目标。在中学，数学教师、一些科学课和社会学课教师是最早提倡注重解决问题能力培养的人。这些教师在他们的中学里开展相互协作活动，他们中的一些小组积极提倡解决问题能力的培养。到学年中期，大多数教师和专家都大力支持提高解决问题能力的目标，为实现这个目标他们互相支持。

确定目标的另一个领导技能就是制定详细清楚的计划。目标将在什么时候达到？我们怎么知道？确定目标后，领导开始进行批判性分析。我们达到了这个目标后，我们会看到什么结果？如果我们看到这些结果，我们是否会认为我们达到了这个目标？我们成功的具体措施是什么？我们要建立什么样的绩效指标和绩效考核？不断地问这些问题，直到所有的问题都得到解决才接受这些目标。只有这样领导才可以有效监督这些目标，目标不明确无论花费多大精力都难以取得成功。

第二步——了解现状

同样地，不了解目前的现状就很难采取行动，其原因有二：（1）我们可能不去寻找硬数据，如考试分数，或者当数据与我们希望听到的不符时，我们会忽略它；（2）学校提出的结构张力，其重点太狭窄，不容易测量。如果一所学校的目标是把所有的教师都培养成优秀的教师，但它的现状却只是根据狭窄的观察检查表来确定，那么确定目标只不过是在所谓正确的栏目里画勾而已。

领导必须把目前的状况与目标结合起来。看一下我们这个例子的目标：在某一学年，我们成立学习共同体，所有的教育工作者学习互相支持和互相学习，让大家都拥有高质量的教学经历。

我们需要了解现状的哪些方面？表5.1提供要问的问题和寻找答案的地方。

我们要毫不留情地披露我们的现状！如果有什么运作不顺的地方，尽量说出来，指出实施中的差距以及支持不足的地方，不管是积极的还是消极的方面。尽量利用数字和具体的定性数据来说明问题。如果你只把问题摆放在桌面上，而不去积极应对，问题是不大可能得到解决的。

同时，在确定你的优势和支持结构时，要同样清楚和具体。这些是你行动计划的基础，而且你不想小看自己。

表 5.1 了解现状

要了解学校目前的状况，请考虑以下的问题，从这些及其他资料中寻找相关的答案。

问　题	资　料
同伴的支持，如教师评价过程、专业资格证的重发、专业发展计划和任期决定等，是如何成为目前结构的组成部分？	文件、政策和程序、教职工会议
我们的教师实际上提供了多少同伴支持、什么类型的支持？	教师会面、教师文件的回顾
是否所有的人都有机会互相学习（例如，新教师、老教师、各部门、小组或年级组的教师是否具有与别人同等的机会)？	教师会面，回顾专业发展计划，回顾教师文件
教师的互相支持进展是否顺利？我们如何知道？	教师会面，专业发展计划，教师文件
我们的教师有多少的专业发展知识支持同伴协作制度的实施？	回顾专业发展课程和专业发展计划，教师会面
进度表、合约及其他的结构如何为同伴协作项目的实施提供支持？	进度表，合约、教师和校长会面

　　所问的问题和收集的数据应该能够反映目标的每一个方面：质量高、所有教师、成功的现实机会。我们考虑产生的工作成果及其产生的条件，也考虑参与生产的人员的意见。

　　在了解现状时，领导要保持清醒，不要把重要的目标变成草率的决定。在这个阶段，领导应该坚持批判性分析，如在制定行动计划的整个过程中，她的调查是以数据为基础的。实际上，她形成了代表她自己的领导能力的理念。

第三步——制定行动计划

　　一旦明确了目标，清楚了现状，领导的工作重点就是制定行动计划。行动计划决定实现目标的具体步骤；反过来，结构张力表格中的每一个步骤就是一个目标。这个过程被称为迭进（Fritz，1999)，它有助于学校制定实施计划。

　　让我们把迭进的过程用于结构张力制定过程中。表 5.2 展示了如何陈述目标，制定行动计划，它列出了清晰的实施步骤，也对现状做了详细的分析。

表5.2　结构张力表格用于同伴协作的样本

目标：在某一学年，我们成立学习共同体，所有的教育工作者学习互相支持和互相学习，让大家都拥有高质量的教学经历。

行动计划：

目标1：继续支持学区指导者训练，目的是在接下来的三年每年增加5名新训练的指导者。到第三年，保证所有的新教师在教书的头两年都得到指导，然后让新教师逐步退出同伴支持模式。

目标2：在专业发展计划中增加参与同伴支持模式的教师和行政人员的人数，第一年达到60%，第二年达到80%，第三年达到100%。

目标3：在重新认定专业资格的过程中增加参与同伴支持模式的教师和行政人员的人数，第一年达到60%，第二年达到80%，第三年达到100%。

目标4：制定专业发展计划，包括提供各种形式的同伴协作活动，如在场讨论或通过电子邮件讨论课程论文，参加学习小组，一起检查学生的作业，参加指导者训练。到第三年所有的教师和行政人员都将参加过与同伴协作相关的某种形式的专业发展训练。

目标5：继续给参与训练的指导者提供定期津贴。

目标6：修订计划，为同伴协作活动提供共同的课外时间。

目标7：在合约中安排3天的非教学时间专门用于同伴协作活动。

目标8：提出绩效指标和绩效考核，跟踪行动计划，实施成功的足迹。

现状：给每位新教师分配一名"协作同伴"，把同伴协作发展成教师评价过程。这位同伴在学年的头3个月为新教师提供支持。指导者训练作为一个可选择的方案很有价值。目前，已有七位教师完成了指导者训练。教师可能把同伴协作变成他们的专业发展计划，但究竟是作为指导者还是被指导者，由他们自行决定。40%的教师在他们的计划中都包括了某种形式的同伴协作。参与同伴协作的证据可能作为教师的文件之一被提交，以重新获得专业资格。在过去的3年，有22%的教师把参与同伴协作看做重新获得专业资格的一个过程。这时校长和助理校长都没有参与任何形式的同伴协作。

小学教师更容易参与同伴协作。所有的幼儿园教师、60%的一年级教师和50%的二年级教师现在都参与同伴协作训练。

学区每年都继续开展指导者训练，但在学校或学区没有与同伴协作有关的其他形式的专业发展。学校里不是有7名受过训练的指导者，而仅有另2名教师参加了正式的同伴协作训练，每一位教师是在前一次的分配中参加的。

合约包括为接受训练和参与实践的指导者提供额外的定期津贴，没有其他与同伴协作有关的契约条款，日程计划上或校历上也没有特别指定同伴协作活动的时间。

制定行动计划的领导技能。 领导在制定行动计划中起着几个作用。首先，他必须保证被提议的行动能指明结构张力——也就是说，把精力从现状转向目标。第二，他必须保证共同的行动能够引导目标的实现。第三，他必须保证行动的范围适当——既不是微小的细节也不是广泛的概括。当迭进的过程进入实施阶段，每一个行动都要足够具体，可作为结构张力表格中更详细的目标，正如表 5.3 显示的那样。

领导也可以把行动分类，解释清楚行动计划的意义。在我们的例子里，七类行动中包括合并现有的课程、发展新课程、保证实施顺利进行、评价成功。这些分类有助于分配任务，如监督实施和评价结果的任务。

表 5.3　迭进的例子

> **行动计划目标 4：** 制定专业发展计划，包括提供各种形式的同伴协作活动，如在场讨论或通过电子邮件讨论课程论文，参加学习小组，一起检查学生的作业，参加指导者训练。到第三年时，使所有的教师和行政人员都参加过与同伴协作相关的某种形式的专业发展训练。
>
> - 继续实施指导者训练。进行系统分析，明确指导者训练与整个同伴协作的专业发展计划是如何相互作用的。
> - 与中心办公室和本地大学合作，在同伴协作策略中开设一门 3 个学分的课程。在第二年的秋季开始这门课程。
> - 开通这门课程的网络版，在第三年秋季实施。
> - 为全体教职工学习小组和以主题为主的学习小组拟订协议和程序（Murphy，Lick，1998）。在第一年春季，成立首个教职工学习小组。
> - 与顾问和中心办公室的课程设计人员合作，提出检查学生作业的计划和程序。在第二年春季实施。
> - 在确定目标的过程中讨论同伴协作制度。回顾专业发展计划，保证100% 的教师和行政人员在第三年底前都参与了与同伴协作有关的某种形式的专业发展。
> - 提出绩效指标和绩效考核，评价同伴协作制度的专业发展计划的实施情况。
>
> **现状：** 学区每年都继续开展指导者训练，但在学校或学区没有与同伴协作有关的其他形式的专业发展。学校里不是有 7 名受过训练的指导者，而仅有另 2 名教师参加了正式的同伴协作训练，每一位教师是在前一次的分配中参加的。

第四步——实施计划

计划的实施有时难以取得成功，这是因为领导企图一次性完成计划。分阶段实施的策略是采取一系列的实施步骤，每一个步骤都建立在前一个步骤成功的基础之上。分阶段有助于激发动力，在任何时候清楚策略各部分之间的关系。在实施进行期间，评估每一个阶段，领导进行中段修正，调整实施方案，增加成功的可能性。

一个人可能有机会开办一所学校，雇用全体的教职工，花一年的时间来进行预先计划。亚利桑那州响尾蛇棒球队在组建球队前一年雇用经纪人时采取的正是这种方法，四年后，他们在 2001 年世界职业棒球大赛中大获全胜。我们大多数人在整个学年都积极参与其中，在第一阶段活动进行期间需要不断改进后续的活动。正如我们的例子，教师和行政人员仔细检查指导训练和计划，检查专业发展计划的过程和重新认定专业资格的过程，充分利用参与同伴协作项目的时间和结构。问题是：我们是否可以更好地利用我们现有的资源？如，是否每一位专业人员都有机会参加至少一次的同伴协作训练？

第二阶段包括发展新系统和程序，但成功的领导在这一阶段也特别注意问题的处理，如怎样安排时间、如何做预算以及监督这些方面的变化，这些问题的处理比维持现状更重要。每一个人都在观看，就像在某个小镇人们观看某个想发财的人一样。

除了谨慎对待操作管理之外，领导也要专心投入到第二阶段工作本身的实质性改革中去。在这里，成年人如何开展学习和交流，学生何时开始学习，这些计划都在修订中。领导必须阐明实践中的变化，提供并参与必要的专业发展，保证实施是连贯和完整的，评价并交流结果。

新的工作方法已成为规范，并且可以继续使用，那么在第三阶段就要坚持参加更进一步的协作训练。领导必须招聘有能力并愿意投入到实施行动中的新人员。即使当其他的事务需要人们抽出时间去处理时，现有的人员也要继续坚持协作活动。在第三阶段，领导的重要品质就是毅力，如果领导希望别人跟他们一样，他们就必须坚持到最后。随着时间的推移，第二阶段的一些重要技能，如安排时间，成了日常的工作。其他技能，如评估并交流结果、讨论专业发展，必须随着时间的推移而不断深化。在第三阶段，一名成功的领导必须能够把日常工作和复杂工作区分开来，并能够把自己及各方的精力投入到后者，而又不致使前者产生失误。

分阶段执行的领导技能。有些领导永远都无法取得成功。有些在第一、二阶段成功了，但缺乏在第三阶段维持的技能（这就是为什么学校行政人员调整如此频繁的原因之一）。甚至在最初的实施中利用结构张力计划的领导在这个过程中也没能适应。

让我们回到同伴协作的例子。学校可能在第一阶段成功地开始改革当前的系统。由于成功的激励，他们修订和扩充计划，改变进程表，提供专业发展，增加同事交流的机会。成年人的工作满意度和学生的学习都改进了，教职工、行政人员和共同体对第二阶段的结果都感到很满意。

这所学校正准备进入第三阶段。如果领导只是简单地宣布第二阶段的完满结束，接着进入下一个项目，那么得到的将只是孤立项目的成功。在学校里你会听到人们说起过去的努力，如："记得我们的同伴协作活动（合作学习、文件、严格的训练）吗?"学校正处在震动期间，在前进中不断出现新的变化。而面对付出努力却达不到目的的状况，即使是最有能力的领导也无法产生热情。

另一个障碍是，在解决了结构张力和改变了目前的状况很久之后，学校的同伴协作项目还停留在原来的水平。缺乏慎重的考虑会导致疲乏，久而久之人们的创造力就衰竭了。

下面的例子展示的是领导关注的中心在同伴协作制度执行的三个阶段是如何发生变化的。

· 第一阶段
改进现有的同伴协作过程。
致力于研究和发展。
提出设计的具体要求。

确定绩效指标和绩效考核。

· 第二阶段

深化组织和管理策略。

在实践中明确表达预期的变化。

参与专业发展。

监督实施情况。

评估进展情况和交流结果。

· 第三阶段

坚持到底。

重新确定现状并据此调整实施方案。

分享成功的荣耀。

分步筹划（Fritz，1999）是帮助领导和组织维持工作重点的技巧。对表5.4列出的问题进行仔细的研究，然后做出预测。

表 5.4 分步筹划

· 我们想要什么样的最终结果？ 　· 目前的状况如何——现在？ 　· 要达到我们的最终结果我们需要什么步骤？ 　· 我们的行动有效吗？ 　· 我们在学习什么？ 　　是否有另一个更好的方法？ 　　我们怎么知道我们是否做得对？ ——————— 来源：弗里茨（Fritz，R.，1999），《零阻力管理》，三藩市巴雷特克勒出版社，见 www.robertfritz.com。

领导必须善于在构建结构张力的过程中重新构建成功。在我们的例子里，学校努力使同伴协作项目取得成功，它把同伴协作的范围扩大到更多的人（如教辅人员、志愿者、实习教师、辅助人员）、更多的策略（如实习、教师交流项目）、更广泛的影响（如学区内的、全州范围的或全国范围的领导）。学校的发展依赖同伴协作项目，不断总结学习第一和第二阶段的经验。学校不必急于建立新的

项目，而应更深入地执行现有的任务。利用分步筹划策略可以让学校领导发挥领导技能，维持组织的工作重点。

成功领导者的行动

全国系统性改进措施（2001）把领导的催化作用分成五类，这些催化作用反映了领导的背景和构成。正如化学中的催化剂一样，表5.5显示的催化作用可以加速一个行动进程，换句话说，即减少这个行动发生的障碍。

表5.5 领导的催化作用

批判性分析	提供方便
倡导支持	监督检查
中间协调	

来源：康涅狄格学院数学、科技教育有限公司授权重印，代表来自NSF © 2001的SSI补充资金。这个材料是根据美国国家科学基金会支持的项目Grant No. ESR00921编写的。在这个材料里提到的任何看法、发现、结论或建议都是作者编写的，不一定反映美国国家科学基金会的观点。

这五个催化作用如何能够加强同伴协作制度？让我们看看这些催化作用是如何发挥作用的。

批判性分析 包括自我分析学校或学区的同伴协作训练的作用，以及请评论员和校外的评价者帮助分析。我们分析目的的相关性、特殊性和精确性。我们首先分析现状，然后重复分析在每一个实施阶段的情况。分步筹划在批判性分析中是必不可少的策略。

成功的领导者意识到分析应该包括自我分析、评论员分析和以前的校外评定，各种分析应该结合起来，融入学校的结构张力模式中。思考题：

· 关于同伴协作，调查和最佳做法可以告诉我们什么？

· 现在我们相互协作的进展如何？

倡导支持 包括个人提倡，以及保证校内外的支持。像自然界的物体一样，组织也有惯性。领导既要主张具体的目标也要主张组织发展的结构性方法。

领导也需要有意识地认同倡导者，并授权给他们，不管他们是来自学校还是共同体（包括来自高校和决策层的倡导者）。建立提倡制度，授权于别人，增加领导密度，支持继续发展，这有助于消除把领导捧到超级英雄地位的神秘感。思考题：

·我如何表现出与中心办公室行政人员、董事会和共同体一样显然地支持同伴协作策略？

·在学校我的日常行动如何体现同伴协作策略？

·除了我之外，还有谁是重要的倡导者。我如何能够让他们在这个制度中发挥最大的作用？

·我如何在这个过程中认同、培养和支持新的倡导者？

中间协调　指获取、协调和分配资源。资源的发展和配置对树立领导在组织内外的可信度起着很大的作用。资源的分配对组织优先考虑的事情及组织的领导都很有意义。思考题：

·我如何能够通过安排、预算和其他管理手段给协助同伴的教师提供支持？

·我如何能够核实和获取额外的资源？

提供方便　指建立集体合作并开展协助活动。创造协作机会，安排好日程，优化集体合作，建立结构和策略以便进行分享、分析和交流合作结果，所有这些都是领导的重要技能。思考题：

·我如何能够在整个学校鼓励集体合作和其他形式的同伴协作？

·我们如何能够建立分享成功和吸取失败教训的制度？

·我们如何能够以最好的方式向共同体汇报同伴协作进展情况？

监督检查　指确保回顾和反馈。监督实施效果并向参与学校改革的所有人员提供连续的反馈，这些也是领导的重要技能。把监督检查放在结构张力的情景中，领导不仅支持基于目标的诊断，而且检查组织能够并将要获得成功的条件。思考题：

·我们主要的绩效指标和绩效考核是什么？

·我们如何能够以最好的方式评估短期和长期的同伴协作的

效果？

    ·我们如何继续利用制定结构张力的方法继续改进同伴协作项目？

全面的同伴协作计划需要有能力、有恒心的领导，为在系统内教与学的人们建立共同的任务和提供必要的帮助。在本章，我们参考了罗伯特·弗里茨（Robert Fritz）的材料，提出分四步进行的方法，包括确定目标、了解现状、制定行动计划和实施计划。介绍的方法和技巧如结构张力的制定、迭进和分步筹划，在计划实施期间有助于领导开展工作。本章最后讨论了五种催化作用，这是在美国全国系统性改进措施中提出的，它们囊括了领导能力的所有方面。在下一章我们着重讨论建立学习共同体的领导能力。

第六章　构建学习共同体

　　不管什么职位的学校领导都同时承担着跟学校发展有关的两个主要任务：首先，他们必须领导所有的教职工和主持教育项目，保证所有的学生得到最好的教育；第二，在协作的学习共同体内，他们必须有效地、人性化地管理人员、资源和基础设施。

　　平衡这些任务需要关注专业发展的形成性过程，因为它维持每个成年人在学习共同体的活力和发展，使学生得到优质服务。学校变成了学习共同体，它的成员必须分担专业发展的基本责任。弗罗伊斯（Froese，2002）提出了表6.1列举的一些责任。

表 6.1　学习共同体的基本责任

1. 每一个专业教育者希望在效力、信心和能力方面得到提高。
2. 同伴、上级领导和同事的相互关系形成一个协作的环境，产生形成性过程。
3. 反思学习和专业发展需要客观有效的数据和非判断性反馈。
4. 组织文化反映这些原则：
   · 学生的有效学习就是目标。
   · 人们被认为是有能力、有价值和负责任的；他们也是这样被看待的。
   · 在所有的过程，公平是非常重要的。
   · 协作和共同的信任使人们对形成性过程充满信心。
5. 制定发展计划是一个反省的、思考的和从我开始的过程。

来源：弗罗伊斯（Froese，E. E.，2002），《专业发展计划》，西班牙港：特里尼达和多巴哥教育部。

构建学习共同体

调查的结果为构建和支持学习共同体提供了目标和方向。那么，这些最初的行动和实践是如何实施的呢？参阅表6.2，该表概括了本章详述的步骤。这些步骤很实用，可以用于指导发展教学共同体，也可以有效地用于学校、团体或学区。在连续发展周期中，这些不断重复的步骤可以得到最有效的实施。

表6.2　构建教学共同体的步骤

·保证政策和程序对协作的支持。
·确定和支持教师领导者。
·安排协作的时间。
·在协作中重新定义管理和评价。
·根据数据更改计划。
·评估教学共同体及其对学生的影响。
·讲述你的故事。

政策、程序和合同

政策、程序和合同对一个组织的健康发展至关重要，因为它们是建立信任的基础。例如，某学区采取一项政策，要求所有的教师在任教的头三年参加指导项目。如果学区不提供政策基础，学区、学校和教职工之间的信任就会被削弱。为了表明对政策的支持，学区可以明确指导者和被指导者的任务和责任，并提出期望。例如，南卡罗来纳州哥伦比亚的里奇兰第二学区为指导者和被指导者建立广泛的程序，编写详尽的教师手册，制定季度期望检查表，建立定期校内外的评估过程。里奇兰第二学区把头三年离校的教师人数减少到12%，比全国的平均数量少一半（Mellette，McCollum，2005）。此外，学区需要把新政策与现有员工和新员工的合同结合起来，按规定做出补偿和缓解时间。仔细分析现有的政策、合同和程序，定出标准，为制定新标准进行筛选，这些步骤对于构建一个学习组织是很重要的。

政策 通常由州教育董事会、当地学校董事会、教育部门、省当局或托管董事制定。不管是哪种情况，政策的制定就是一个类似立法的过程。任命代表起草政策，这些政策通常反映立法的要求、评审的要求或共同体优先考虑的事情。合适的政策可以提供清楚的意图、行动的指导和成功的指标。一旦制定了政策，其目的是要长期保留的，因此，政策的修订程序通常是发布一个或多个公众意图通知，提供公众参与和讨论的机会，以及董事会的正式投票。

程序 决定政策执行的结构和策略。程序可以存在于学区、学校小组（如各部门或年级组）和课堂。有效的程序清楚地提供执行参数，为教育者、共同体、家长和孩子提供清晰的指引。

合同 是组织、个人或两者磋商的协议。合同为双方提供可行的方案和执行规范，规定同意补偿的条件、交付计划和合同管理。

从理想上来说，政策、程序和合同的内在性质应该是一致的，为学校和学区的工作形成一系列符合逻辑、没有漏洞的指引。实际上，即使政策的意图很好，程序和合同也会随着时间的变化而发生变化，因此，它们的条款也会变得互相矛盾、多余或不相干。

> 一位新的负责人致力于在她管理的学校成立学习组织，在她的努力下，她得到了董事会的支持。她发现经过多年学校已经增加了很多各种各样的政策，官方管理部门不得不花费大量的时间。此外，程序与政策的关系不明确，甚至有时与政策指引有冲突。合同语言重复冗长，尤其是和监督、评价过程有关的部分。尽管这些问题在各种各样的政策、程序和合同语言中都同样存在，但这位负责人选择从监督、评价和规程开始。

那么，表6.2显示的构建教学共同体的步骤是怎样实施的呢？以下是一些概念和例子。

步骤 1：确定目标。

有了新负责人的计划说明书，首先就要对目标达成一致的意见。表 6.3 展示了一份清楚的目标报告书。

表 6.3 目标报告书的样本

在某一学年，我们将分析我们的政策、程序和合同语言，其目的如下： 　·专家意见和资源将从官方管理转向改进教学。 　·我们将减少监督和评估的政策和程序的复杂性和规章，增加与专业发展有关的协作机会。 　·我们将确保与教育实践有关的政策和程序是清楚、连贯的，并且支持有效的教学。 　·我们将共同合作确保合同的语言是清晰、一致的，并且对各方都是公平的。 我们将执行以上提到的所有目标，把重点放在改进教学、促进学生的学习上。

目标报告书最好能够被利益相关人采纳，如学校董事会、行政管理委员会和教师组织。然而，有时这些团体中的一个或多个会采取观望的态度。即使这样，也要争取足够的支持，继续执行。下面的分析过程为争取支持提供了充分的机会。

弗里茨（Fritz, 1999）认为，在这个阶段采取从上而下的领导方式是恰当的、甚至是必不可少的。在计划说明书上，新负责人得到董事会的支持，并且在她任期的早期负责维护学习组织。采取明显的、积极的行动对于克服惯性是至关重要的。

经验丰富的学校或学区领导，不管他们是行政人员、教师还是董事会成员，都会同样地采取明确的行动，使这个问题处于显要地位。

步骤 2：分析。

分析的目的：（1）开始构建学习共同体；（2）根据分析，增加、删除或改变政策和程序。分析政策和程序相对来说不会产生危险（与分析教学实践正相反），这种分析产生具体的结果，使前进的步伐加快。在这个方面取得的成功为更困难的合同磋商和改变课堂实践的复杂性打下基础。

　　　　达成对目标的统一意见后，教师组织、行政委员会和
学校董事会任命特别政策分析委员会的代表。教师组织领
导、行政委员会负责人和董事会主席按各自的职务履行
职责。

　　　　委员会聘请一位经验丰富的政策分析家，他指导与监
督、评估和教育有关的整个分析工作。经过对政策的全面
讨论，委员会向董事会提出优化政策的建议。

　　政策分析是一个复杂的过程，要找到一位分析顾问可能要得到
授权批准。经验丰富的政策分析家能够给校内或学区内的资源和问
题带来外面的观点，他可能发现校内人员没有发现的联系。独立分
析家可以问一些很重要的问题，但校内人员提起这些问题会很尴尬、
甚至引起伤害。

　　不管是否聘用校外顾问，特别委员会都要制定政策分析协议。
表6.4概括的是一份很好的协议草案，由课程监督与发展协会的佛
蒙特州成员制定。

表6.4　政策分析协议草案

·制定该政策的目的是什么？
·是什么事情导致该政策的产生？
·该政策的设想是什么？
·制定该政策希望达到什么效果？
·潜在的非有意结果是什么，包括积极的和消极的？
·有什么其他的选择可以代替该政策？各有些什么优点和缺陷？
·有什么与该政策有关的建议？还有什么与该政策有关的、有待回答的问题？
注意：根据目的或情形，协议草案可用来提出问题、建议，或两者皆有。
来源：佛蒙特课程监督与发展协会制定的佛蒙特政策分析协议草案。

　　其中特别有趣的是分析有意的和无意的结果。政策的采用几乎
没有是出于恶意的。认识到最初采用该政策的合理原因很重要，了
解无意的结果也很重要。例如，某一政策要求校长每年正式去听每

位教师的课 3 次，这一政策想要达到的目的是增强校长作为教育领导人的作用，并使实践持续下去。该政策的实施需要大量的时间，那么听课就会流于形式，得到的反馈也只是毫无意义的检查表。减少数量、改变情景、提高交流的质量对专业发展和学生的学习都有更大的作用。

假设提出的目的是促进学生的学习，那么政策分析过程应该评估与目的有关的每一项政策。弗里茨（Fritz，1999）提倡采用他称之为数字决策的方法。数字决策法是把决定分解成几个部分，并给这些部分赋值，然后进行严格的分析，把这些部分组成结构体系。在这种情况下，每项政策都被赋予一个值：正数（它促进学生的学习）、负数（它妨碍学生的学习）或零（它对学生的学习几乎没有或完全没有影响）。这个过程首先由个人快速进行；在初步的回顾之后，每个人应该独自评价每项政策，然后比较和记录结果。委员会可以讨论这些结果并确定哪些地方是意见一致的。

参照计划说明书，从整体上考虑支持促进学生学习的政策。总的来说，这些政策足以指导与监督、评估和教育有关的程序的发展吗？如果不行（很可能不行），那么可以给赋"零"值（正如所标记的那样）的那一组增加些什么来完善这项政策？可以重新调整重点，以便有效促进学生的学习吗？

分析了这些政策之后，应该再三思考充分性问题。在这种情况下，小组应该提议制定新政策，以完善预先设想的政策。

政策分析委员会无权制定政策，因此，它的建议需要通过政策小组委员会送往主管团体，通常是学校董事会。因为董事会一开始就批准了这个程序，在这个过程中成员都很积极，它很愿意接受分析委员会的建议。虽然如此，董事会制定政策时会适当地注意它的职责和职权，它会对这些建议进行微调，增加或删除直到它觉得合适。特别委员会应该预料到变化，并在政策采纳的过程中进行主动积极的配合。这样，政策的语言更简明，也少了官僚主义的口吻。这个结果标志着在学习共同体内建立重点和信任的评判性过程的开始。

董事会一旦完成了政策的回顾，中心行政部门和各个学校就开始分析程序，他们的目的是要保证这些程序能够有效地运用在政策的执行上。他们要说明哪些程序在各个单位都是不变的，哪些是由当地决定的。整个学区的特别委员会重复政策的分析，另一种分类过程把程序分配到课堂、单位、学校或学区，顾问与整个学区的特别委员会合作，制定一系列程序回顾协议和配套的训练材料，接着就是学校领导小组实施一系列的训练过程。

尽管调整政策和程序的原则看起来是明显的，但并不像人们想象的那么普遍，组织内各级的人们甚至很少进行回顾，但这却是必不可少的，其原因如下：

1. 混乱的政策指南加上不相关的过时的程序可能导致讥笑和不信任。

2. 程序对课堂上的教师和学生有直接的影响，因此，对学生的学习也很可能有很大的影响。

3. 因为程序存在于课堂、单位、学校和学区，所有的教育工作者都与程序调整的过程有着直接的利害关系，因此，这个过程对各级学习组织有直接的影响。

顾问在整个政策评定过程中提供的都是形成性反馈。这个过程一旦完成，她就完成了从上而下的政策和程序评定，这些政策和程序有助于监督、评估和教育，以确定差距、冗余和冲突。在最终的修订之后，政策和程序以书面的形式分发给每一位教育工作者，在学校和公共图书馆公布，并贴在学区和学校的网页上，供大家查阅和评价。

根据学区或学校的规模和复杂程度，从上而下的分析也可能由内部教职工完成。不管是哪种情况，这都是一个非常重要的步骤，要求熟练的分析家强化最终的结果，这个步骤完全可以节省劳动力和消除挫折感。

在政策和程序分析的过程中，教师组织和董事会发现合同语言与制定的政策和程序有不相符的地方。在某些情况下，双方同意在下一轮的合同谈判中使用一致的语言。在另一些情况下，某方指出所提出的政策或程序与合同语言有密切的关系，因此需要多次的磋商。在任何一种情况下，双方同意在合同修订好之前，不会执行与合同有直接冲突的政策和程序。

董事会和教师组织在制定公平、引起共鸣的合同时都充分利用他们的权利。在合同修订的过程中应该缓慢和慎重，建立信任。

上面描述的政策和程序评定过程在构建学习共同体中是一条已被证实有效的策略。根据学校或学区的复杂程度，评定过程可能要一年或更长的时间，然而，所花的时间和精力是有价值的。它简化了过程，建立了信任，把议程的重点放在学生的学习上。这个方法通常也成功地重复运用在需要制定政策的其他领域如预算、人事和安全。

在这个过程中，构建学习共同体的其他方面也在进行中，其中的一个重要方面是确定并培养教师领导者。

确定并支持教师领导者

因为学生的学习就是目标，而教师是学生和学习之间的最直接的传输途径，因此，教师领导者在构建学习共同体中是必不可少的。在本书及在别的地方已经讨论过教师领导者的具体方面，在这一节主要讨论如何确定教师领导者及给他们提供具体的支持，帮助他们走向成功。

"教师领导者"这个术语可以用于多种情况，从选择订购单词拼写练习册的人到执行类似行政职能者，到如本书所述的同伴协作的角色。学校或学区里的每一个成年人都可以说是教学共同体里的一员，那么所有的人既是教师也是教师领导者。虽然如此，但是确定一些主要教师也是很重要的，他们将学习特殊的技能，增加知识，成为协作制度的一部分，帮助建立决策授权的基础（Martin，2002）。

你已经认识了一些潜在的教师领导者，他们可能担任正式的领导职务，如小组领导、部门主任或协会领导；他们可能是早期的采纳者——在革新中最先获得成功的教师——或者他们已获得杰出大奖和教师专业认证。尽管这些公认的领导很重要，但确定新教师领导者也同样重要。表6.5列举了一些可以寻找新领导的方法。

表6.5　新教师领导者的来源

> 了解现有的教师领导者——部门主任、小组领导或协会职员。
>
> 留意公认的优秀教师——获得专业认证的教师；全体教职工、社区或专业机构公认的杰出教师。
>
> 评论个人专业发展计划。有哪些教师主动要求担任领导职务？有哪些教师积极参与协作学习？有哪些教师建立了有效的指导关系？
>
> 选定参与课程设置、评估发展及致力于教学工作等方面的新任领导。
>
> 寻找跟组建学习组织的过程相关的新领导，例如政策与程序回顾过程，指导者训练以及其他形式的教师协作。
>
> 要求：许多人从来都没担任过领导，因为从来没有人要求过他们。"号召所有人"都来当领导，这是不够的，具体对某一个人发出邀请才见效。要弄清楚你打算请这位教师干什么，为什么，对她有什么直接的好处。

认同有助于提高学校或学区现有的领导才能和能力，有助于保证新领导才能的培养，其目的是在整个学习共同体建立共享的、分布均衡的领导机制。领导的角色、经验、内容知识和人员统计等方面要平衡。组织中的每一个成年人应与领导层建立至少一个直接的联系。

教师领导是学习组织的一个强有力的特征，但是建立教师领导项目经常不成功。下面是造成失败的普遍原因：

·**角色过于复杂**。从专心于某一方面开始，随时间的推移让其他的领导能力有发挥的机会。需定出明确的、具体的期望，如充当指导者、分析政策或服务于本校的管理委员会。要实现所有的能力是不可能的，至少在一开始是不可能的。

·**没有界定、理解角色的性质**。要明确教师领导者有需要传达的具体事务，也有执行的责任，他要把它们传达给学习组织的领导和所有的成年人。模糊不清会导致不信任。

·**误用或滥用权利**。过度使用我们的最佳资源是一种自然的趋势。如果你定义了角色，那么就依照这个定义去扮演你的角色。如果需要扩展或重新确定重点，那么要确保教师领导者明白为什么，并且让他们真正有权利拒绝额外的要求。另外，如果责任真的扩大了，要保证每一个人都知道，而不仅仅是领导。

·**失去机会**。一名参加额外训练的教师领导者把自己的精力投入到领导责任中去，她希望有表现的机会。尽管过度辛劳会导致筋疲力尽，但如果才能得不到发挥，这名教师领导者会认为她的价值得不到认同。不要忙得不能找到富有成效的方式以使你的领导忙起来。

·**缺乏反馈**。如在任何的专业角色中一样，持续的发展需要数据和客观的反馈来推动。反馈的目的应该在于改进表现，为教师领导者提供反思的信息和确定专业发展目标的信息。

南希·赫尔曼（作者）（Nancy Herman），最近和一群教师领导者一起工作，他们确实不懂得如何定义他们的工作。通过设计包含结果的行动计划，他们确定了可行的工作。行政人员很满意，因为这些工作最后都能联系起来，成为行政人员和教师领导者之间改进和商讨的要点。表6.6包含了支持教师领导者的切实可行的建议。

表6.6　支持教师领导者

·每位教师领导者要有书面的理解备忘录，清楚所担任的角色、要传达的事情和对支持的期望。
·利用本书讲述同伴协作原则。例如，要求新的教师领导者挑选指导者或协作的同伴。
·为所有的教师领导者设计共同的教师领导专业发展计划，为每一个角色提供具体的发展机会。不要期望教师领导者在学习之前就有良好的表现，不要以为好人就可以驾驭自如，尽管他们可能完成某些工作，但不在学习组织的期望参数之内。
·定期组织教师领导者互相交流和学习。
·为每位教师领导者提供进展情况的具体数据。定期讨论表现情况。

- 继续让教师领导者挑选同伴，让他们制定项目内的后续的计划。一名优秀的指导者可能并不想永远或每年都当指导者。让教师领导者建立自己的头衔。
- 在教师领导制度中制定合适的退出政策。教师领导应该知道如果家里或工作情况有变化，或出现新的领导机会，那么有专业的方式让制度继续进行下去。

安排协作活动的时间

无可争辩，在学习组织内时间是最难控制的变量。教学是一个深入的、需要付出精力的职业，以为在现有的计划中可以找到协作活动的时间，这种想法是不合理的，最终也是没有效果的。认为从目前的实际中再分配时间是不可能的，一切都需要重新安排时间，这种想法也是不符合实际的。平衡再分配的时间和新投入的时间之间的关系，并注意工作方式，就可以产生一个可行的、协作的学习组织。

表 6.7　安排协作活动的时间

要为教职工安排协作活动的时间，学校和学区需要考虑可能影响以下几个方面的安排。

监督和评价过程

评估项目

工作日的安排

学年的安排

利用专业发展时间

区分教育模式

利用协助的教职工

技术用于行政工作

技术用于协作学习

不犯错误，这决不是一件容易的事情，这要求政治意愿的组合、资源的投入、个人的自我奉献以及来自各方的支持。只要各方都意识到需要奉献，并且都愿意做出一些奉献，尽管不是全部，那么也足以找到协作活动的时间了。

对于时间这个难题，没有什么唯一的最好的解决办法，每一个学区和学校在处理这个问题时必须符合自己的情况。然而，表6.7总结了一些成功的策略。

很难找到一起工作的时间？检查你的系统和当前的教学任务，确定优先次序，消除不必要的任务。考虑下面潜在的时间来源：

·检查你的政策和程序。如果某项任务并没有直接支持学生的学习，考虑一下它是否是必要的，是否需要花那么多的时间。

·回顾监督和评价过程。客观的监督模式是否是利用时间的最佳方法；它有必要如此经常地用于所有的教师吗？

·查看评估计划。在中学，课程结束后的标准化考试是否满足学生和学校方面的责任的需要，我们是否需要在4月份测试之后，又在5月份测试？

·注意课程的增加。如果果州政府要求开设新课程，如武器教育，我们是否把它加在已经负担过多的教学计划中，或把它放在现有的课程中，保证它符合现有的内容，有增加也有减少？

·谨慎回顾工作日和学年。思考下面的问题：

在白天是否有协作活动的时间？

在学年中是否需要增加时间，是否需要为此付报酬？如果是这样的话，增加的是学生的时间还是教师的时间，或两者都有？

这些额外的时间应该安排在什么时候，如何利用这些时间，使学生的学习达到最大的效果？

是否有效地利用了工作日开始和结束的时间？教学周是否应该重新设置？

一所学校回顾了他们传统的教学时间，学生每天下午2：45离校，教职工每天直到下午3：30才离开。他们修改了课程表，学生每天到下午 3：35 才离校，但在星期三早上 10 点才上课。教职工每周获得了两小时的协作计划时间，学生每周增加了半小时的教学时间。

·仔细回顾时间是如何被利用的。如果日历上规定是 5 天的教学时间，回想一下这些时间是如何被利用的。如果没有令人信服的证据表明现有的时间最大限度地有利于协作活动的开展和学生的学习，那么要求多安排 5 天的时间就显得不合理。

·考虑一下适合个别差异的教学模式是否能解决时间问题。尽管小班的大小比率对许多科目的学习是最好的，但是也要确定大班学习是否适用于课程的某些方面。如果大班教学技能得到发展，加上适合的设备、材料和管理上的支持，学生在大班上学到同样多的、或者更多的内容和技能，那么在工作日就能抽出大量的时间开展协作活动。

·让协助的同伴和技术把教师从行政杂事中解脱出来，让他们有时间进行协作活动。即使点名、收牛奶钱和去图书馆找书只需要花很少的时间，但每一件杂事都会打断学习的重点，分割教学时间。如果这些任务能够交给别人去做，或者能够自动化操作，或能结合这两种方法，那么协作活动就不会被认为是沉重的负担了。

·利用技术可以节省大量进行计划、记录和交流的时间。技术能真正做到这一点吗？答案很明确，"是的"，只要教师会使用硬件和软件，接受适当的训练和保证机器正常工作。

·技术用于协作过程本身。向他们提供接入通告、训练和服务期限，学习共同体可以运用策略如虚拟学习校园、互动录像、系列讨论和共享编辑软件有效地开展工作。技术不是排斥人际交往，而是对它的有益补充。

要周全地考虑时间是很难的。有了政策的支持，就有充分的理由决定时间的分配。时间的安排发生变化，不管是哪一种变化，总有人要努力维持现状。然而几乎任何一个组织都可能更有效地利用时间。在决策过程中优先考虑学生的学习，保证时间的变动是为了加强协作实践，那么时间这个最难的难题就可以迎刃而解了。

利用数据建立并维持学习共同体

其他材料（如 Love，2002；Carr，Harris，2001）对数据的使用也有很多的阐述，这些数据与学生表现、行动计划的学习机会以及整个学校的表现等方面有关。那么数据分析如何用于建立并维持学习共同体呢？

绩效指标和绩效考核

在一开始就应该区分清楚什么是绩效指标，什么是绩效考核。绩效指标在操作上定义了原则——也就是说，绩效指标提供了一系列看得见的条件、练习和结果，我们一致认为这些条件、练习和结果体现了原则。对每一条原则都定出所有可能的绩效指标是没有必要的，也是不切实际的。相反，每一位教师成员都应该同意一组他记得住并能跟进的指标。

绩效考核提供了如何跟进绩效指标进展情况的方法。这些考核可以是定性的也可以是定量的，还可以是两者的结合。考核这个词在这种情况下并不局限于数量。不管这些考核是定性的还是定量的都必须是可靠的，并对测量绩效指标所规定的目标是有效的。表 6.8列举了针对表 6.1 所提出的原则的一些绩效指标和绩效考核。

表 6.8　绩效指标和绩效考核样本

原　则	绩效指标	绩效考核
学生的有效学习就是目标。	根据课堂标准评估学生的表现。根据学校和学区标准评估学生的表现。根据全州和全国标准评估学生的表现。学生离校后的学术及专业成就。	提高学生在课堂、群体和学校达到或超过标准或基于标准的评估的百分比。减少由性别、种族、收入和特殊需要引起的学生表现的差距。改进学生在全国性考试中的表现（如大学入学考试）。学生及家长对后续的调查和采访的反应。

原　则	绩效指标	绩效考核
人们被认为是有能力、有价值和负责任的，他们也是这样被看待的。	学习共同体里的所有成员应根据共同体安排的优先事情来描述他们的工作。会议和教职工的交流应包括开放性问题的测试和邀请所有的教职工探索他们的观点和推理方法。任务的建立需要求特殊技能的合作利用和来自众多的参与者的才能。	教职工的调查和采访并加以分析这是共同体如何安排优先次序的重要参考；回顾会议议程和记录，观察学校各级会议的实际情况；任务分析，包括分析个人的贡献和集体活动的过程。
所有的过程，公平是必不可少的。	所有现有的和新提出的政策和程序都要就其偏见性和公平性经过严谨的评议。工作计划、会议日程和表现回顾要关注学习共同体所有成员的公平性。在学校各级，会议都是在公平、公开的基础上进行的。个人和小组感到他们被公平地对待。	政策和程序分析不会引起偏见和不公；如果有这样的事情发生，需要据此修改政策或程序。随着时间的推移，由于回顾工作计划、会议议程和表现所引起的偏见和不公平现象会减少。过程观察者监督所有会议的公平性，随着时间的过去，他们报告的不公平行为会越来越少。人们报告说他们在调查和采访中得到公平的对待。形式上的不公平或其他的工作行动会随着时间的过去而减少。
在形成性过程中，相互合作和共同信任可以增强信心。	越来越多的教职工参与形成性协作活动。教职工在形成性过程中增强了信心。	对参与形成性过程的教职工的分析表明，越来越多不同的教职工参与协作活动。在调查和采访中，教职工表示他们在形成性过程中增强了信心。

付出的努力和产生的效果

对依赖数据分析的学习共同体来说，其中一条重要的原则是把重点从付出的努力转到产生的效果。努力指我们做了多少，而效果衡量我们起了多大的作用。例如，如果我们要衡量数学课取得的成绩，重点不应该在于我们为数学课花了多少时间，也不在于教师接受了多少的专业教育，而在于我们的学生在数学方面的表现如何。

分析表 6.8 中的绩效指标和绩效考核，你会发现仍然需要衡量付出的努力。其实，继续衡量重要的努力指标是非常重要的，因为增强效果的答案很可能就在于这个数据。例如，如果教职工从来没有参加过形成性过程，他们对这个过程就不会有信心。

然而，重点应该在于效果。我们总是以为在学校里的任何学习共同体，主要的效果分析应该与学生的学习联系起来。因此，第一项原则在任何学习组织里总是保持不变的，而其他原则会随时间的变化而变化。

安排时间收集和使用数据

你有要分析的数据，基于数据的决策才起作用。但你去哪里找出时间在学习共同体里建立一种重视效果、基于数据分析的文化？以下是一些建议：

让你的数据服务于多种不同的目的。你收集的学生数据可以用于计划行动和制定全州责任。你可以利用这些数据制定学习共同体里的学生表现的目标，如果需要，还可以补充数据。

利用过程观察者。葛斯顿和威尔曼（Garmston，Wellman，1999）提出了合作活动的七条准则，如表 6.9 所示。表 6.10 展示评价这些准则的一种方法。

在每一次全校性的、全体教职员工的或部门的会议上，指派一名过程观察者评估这些准则并在会后进行报告，每一个议程都包含一份准则。过程观察者要完成四件事情：

1. 为协作行动提供明确的期望。
2. 给学习共同体提供及时的反馈。
3. 为跟踪了一段时间的合作行为提供数据。
4. 赋予成员权力，过程观察者的角色在他们中间轮换。

表 6.9　协作调查的准则

暂停
- 专注地倾听别人的观点。
- 在提出问题或做出回答之后，留出思考的时间。
- 在脑子里重述别人所说的话，从而进一步理解他们的交流。
- 等别人说完了才进入交谈。

转述
- 利用转述确认和阐明内容和情感。
- 利用转述概括和组织。
- 利用转述把对话转化成各种抽象概念。
- 在转述时采用非语言的交流形式。

调查
- 就词语的意义取得一致意见。
- 提出问题，弄清事实、观念和情况。
- 提出问题，弄清解释、含意和结果。
- 提出问题，让假设、观点、信仰和价值观显露出来。

提出讨论观点并努力实现
- 陈述交流的意图。
- 披露所有相关信息。
- 发言之前考虑预期交流的相关性和适当性。
- 提供事实、推论、观点、意见和建议。
- 解释陈述、问题和行动背后的理由。
- 撤销或宣布自己的观点、意见和看法的修改结果。

注意自己及别人
- 继续注意自己的思想和感情。
- 继续注意别人的表达模式、非语言交流和实际空间的使用。
- 继续注意小组的任务、小组人员情绪以及自己和别人的贡献的相关性。

设想积极的意图
- 主张自己的观点，研究别人的观点。
- 为参与活动提供平等的机会。
- 对别人做出回应和询问别人时，采用正面的假设。

在提倡和询问之间寻求平衡
- 主张自己的观点，研究别人的观点。
- 为参与活动提供平等的机会。
- 为假设、事实和情感的状况提出理论依据。
- 尊重和公开地对观点表示不同的意见并提出不赞成的理论依据。
- 询问别人占据某一职位的理由。

由葛斯顿和威尔曼（Garmston，Wellman，1999）提供，克里斯托弗·戈登出版社授权再版。

表 6.10 评价协作活动的七条准则

	低				高
暂停	·	·	·	·	·
释义	·	·	·	·	·
调查	·	·	·	·	·
提出讨论观点并努力实现	·	·	·	·	·
注意自己及别人	·	·	·	·	·
设想积极的意图	·	·	·	·	·
在提倡和询问之间寻求平衡	·	·	·	·	·

由葛斯顿和威尔曼（Garmston Wellman，1999）提供，克里斯托弗·戈登出版社授权再版。

检查做到少而精。一次检查就解决问题的，不要进行 7 次。决定和同意你的绩效指标后，你确定绩效考核的参数，对这些考核你需要通过检查进行评价（至少部分地）。以书面的形式确定这些考核标准，然后让教职工知道在未来的一年将要对他们进行与这些项目有关的检查。一定要提前宣布安排检查的时间，并提醒教职工为什么这个数据是重要的。把你检查的重点放在指定的范围——不要因为"知道是有好处的"而试图去问问题。检查的结构设计需要仔细考虑，因为提出的问题与数据一样重要。与所有的参与整个数据分析的教职工分享这些结果。

深入采访少数几个人。调查是获得整体了解和把所有教职工纳入数据创建的极佳工具。采访可以更深入地探索所选定的问题，因为它要求采访者和被采访者不同程度的投入和思考。把有限的时间投入到几次深入的采访，其效果比试图进行多次肤浅的采访要好得多。另外，仔细准备你的问题，利用你所设置得绩效指标进行严密检验。采访提供探索相关问题和观点的机会，这些问题和观点也许是你没考虑到的。只要你不脱离主题的重点，这种机会是非常好的。

交流你的结果。你必须和大家分享数据分析的结果——不管是令人失望的还是令人兴奋的。在注重效果的询问中，这些结果是你下次努力的基础，而对结果的研究是必不可少的协作准则。在公开的论坛上与同伴通过画画、绘图和书写分享你的结果，单独地或集体地交流他们的反应，讨论结果中重要的措词，这些词语是怎样被使用的，它们的意思是什么。先不要讨论解决办法——把结果酝酿成熟，然后在重点计划期间再返回讨论。

四种关系（用四艘船表示）

共同事业是在协作性学习环境的基础上发展起来的。正如图6.1所展示的那样，卡罗·莫法特（Carol Moffatt，2002）和文斯·哈姆（Vince Ham，2002）提出四种协作关系，用四艘船表示。

图6.1　四种协作关系

由哈姆（Ham，2002）和莫法特（Moffatt，2002）提供。

共同愿景下的主体意识（Ownership）

领导者如何建立主体意识？首先要让所有人都了解共同愿景是什么。尽管不是所有人的看法都一致，但只有大家都了解这个愿景，才能共同确定主题。其次，领导要亲自积极参与，确保议程不会脱离这个愿景，争取大家在行动上和时间分配上的支持。发展和培养共同愿景，提供人人参与的机会，这是组织优先考虑的事情。最重要的是，愿景提出的实施细节不能过分详细，参与者有权定义他们的工作，实现预期的目标，反过来，目标的实现也促进这个愿景的发展。只有每一个人都积极参与，才能形成共同愿景下的主体意识。

通力协作的领导关系（Leadership）

在协作性学习环境中，领导对协作活动的支持体现在提供资源、提出反馈意见和设置绩效期望等方面。他们起模范带头作用，把精力、时间和专业知识投入到协作过程中。领导为协作者创造相互协作的机会，并且很明智地知道什么时候应该积极参与、什么时候应该让协作者自己开展活动。他们还让协作者在整个组织中交流成功的经验，并对这些成功给予表扬和奖励。他们的领导艺术还表现在平易近人、反应迅速和宽宏大量等方面。

工作中的专业关系（Relationship）

协作是一件艰苦的工作，它通常超出工作要求的范围。那么人们为什么还要进行协作呢？因为他们认识到协作是支持共同愿景的最好方法。领导认识到这个道理，于是寻找机会促成新的工作关系，鼓励每个人积极参与，为他们提供多渠道的参与形式。领导积极表扬所有个人的贡献，也强调集体的力量。在协作的工作环境中，越来越多的人抓紧时机表扬和奖励他们的同伴所做出的贡献。

相互支持的伙伴关系（Fellowship）

伙伴关系的定义（美国传统辞典，2000）是交往的个体在志趣相投的氛围下和平等的基础上进行的交际。在学习共同体内，为实现共同愿景人人都有积极参与的主体意识。在相互协作的关系中，领导能力培养是首要的任务。协作者共同承担有挑战性的工作，建立相互支持的工作关系，他们分享和表扬个人的贡献和协作的成功，他们的工作关系就是相互支持的伙伴关系。

这四艘开足马力的船（即四种关系）载着我们驶向我们的共同事业，每艘船（关系）都是积极的、生产性协作学习环境中不可缺少的，也预示着教育领导者在建设协作性组织，维护学习共同体，构建活力校园时所面临的巨大挑战。

附录　帮带计划月表

8 月指导者

后勤：	可能向被指导者提出的问题：
·安排最初 3 个月的会面时间 ·制定交流和联系的基本规则	·你从这些资源想到了什么问题？ ·你需要什么？ ·我该如何帮助你？ ·你最关心的问题是什么？

8 月被指导者

信　息	教　学	个　人
你了解学校和学区的有关政策和办事惯例吗？你知道所在地区的急救电话吗？你认识本部门的成员吗？你需要一份详细的部门成员名单和重要资源管理员的名单（包括组长、部门领导、指导者、办公室主任、助手、秘书、顾问以及管理员）。你有学校地图吗？你熟悉学校的物业设备和主要设施的位置吗？（员工厕所、员工电话、影视区、图书馆、复印室以及员工休息室）你翻阅员工手册、学生手册、校历以及学校和学区的政策和办事惯例指南了吗？你熟悉有关午餐的惯例吗？你对班	教室的组织结构适合学习吗？你拿到课程指导、教学大纲、教学目标等资料了吗？你有新学年的必备物品（包括磁带，订书钉，工作用纸）吗？你做好第一个月的课程计划了吗？你做好第一个星期的详细计划了吗？你的指导者看过你的计划了吗？	你是否准备好了一份日历，日历上有足够空间填写你一整天的日程？日历是否也包括周末的安排？（时间管理）

班级和教师日程以及职责以外的义务是否了解？家长如何参与学校的工作（比如志愿者、家长俱乐部、当地学校顾问委员会）？		
管 理	结 果	协 作
你如何建立课堂行为准则？你的课堂行为准则是什么？你熟悉学校的纪律和政策吗？你有教育支持小组（EST）参考程序吗？你有必须的表格和证件吗，比如参照表、出勤表、出入证等？你认为学校的学生政策合理吗？需要时，你是否请你的指导者解释清楚？你对课堂的常规程序感到满意吗？（分发材料、考勤、收作业）你的教室设备齐全吗？（桌、椅、作业篮、公告栏、活动区都完好无损吗？）你对你所选的课例模式满意吗？对你来说实用吗？需要怎样改动？你对成绩册满意吗？你准备采用什么样的评价系统？你打算怎样与家长保持联系、通报学生在校的情况？		你是否安排了与你的指导者在最初3个月的会面日程？本月你可能会做以下的哪些事情：观察一位同事的课；分享教师资源；参加一个工作坊；参加一次学习小组会议；拍摄一堂课，并进行评论；阅读一篇专业杂志的论文；参加一次早餐讨论；阅读并讨论一本专业书；和你的指导者一起评阅学生作业；其他_____。

9 月指导者

后勤：	可能向被指导者提出的问题：
·为了和被指导者建立关系，你如何控制和调整你的操作风格？	·你面临的最严重的问题是什么？ ·你完成了多少任务？ ·你遇到了什么困难？ ·你如何照顾自己？

9 月被指导者

信　息	教　学	个　人
你看过学校的行动计划吗？你是否担负一些行动计划的责任？你有什么问题不明白吗？你是否请教过你的指导者？	你制定第一学期的计划了吗？（例如：单元，时间界限以及材料定购等）你是否给学生示范你期望学生达到的目标？你看过学生的个性化教育计划（IEP）吗？你得到什么启示？你有什么疑问？如何解决这些问题？	你如何利用时间？谁能协助你完成任务？哪些方面进展顺利？
管　理	结　果	协　作
你是否强调你的期望值？规则、程序、管理系统的实施情况如何？你是否迅速分解、记录、返回了那些你认为对反馈十分重要的任务？	学校的行动计划评价你负责什么？你熟悉当地教育部门以及州教育机构的评估、公事包吗？你把评估日期标识在日历上吗？你还需要哪些附加的测试？你开始保存学生的作业样本作为今后的基准了吗？你熟悉学区教师评估文件吗？	你是否安排了两次与你的指导者碰头的日期？

10 月指导者

可能向被指导者提出的问题：
·你面临的最严重的问题是什么？ ·你完成了多少任务？ ·你遇到了什么困难？ ·你如何照顾你自己？

10 月被指导者

信　息	教　学	个　人
州内有什么专业发展活动可参加？你有哪些合同义务需履行？	你遇到的最难的教学问题是什么？你对学校的督导和评估程序熟悉吗？你和校长探讨过这些问题吗？	你在努力实现自己的目标吗？
管　理	**结　果**	**协　作**
		你熟悉家长老师见面会的程序和技巧吗？你尝试过通过电子邮件和你的指导者联系吗？

11 月指导者

后勤：	可能向被指导者提出的问题：
·你定好在接下来 3 个月时间内与你的被指导者会面的日程了吗？	·你面临的最严重的问题是什么？ ·你完成了多少任务？ ·你遇到了什么困难？ ·你如何照顾自己？

11 月被指导者

信　息	教　学	个　人
	你确定示范课并就示范课与你的指导者进行讨论的时间了吗？	你如何照顾好自己？你知道你所在的学校有哪些健康服务吗？校外呢？
管　理	**结　果**	**协　作**
对你来说，一些学生的行为是否具有挑战性？你会如何对待？ 你认为有必要参考教育支持小组的做法吗？		你定好在接下来 3 个月时间内与你的指导者会面的时间了吗？你考虑过参加某些专业组织吗？

12 月　指导者

后勤：	可能向被指导者提出的问题：
· 你按照日程与你的被指导者会面了吗？	· 你面临的最严重的问题是什么？ · 你完成了多少任务？ · 你遇到了什么困难？ · 你如何照顾自己？

12 月被指导者

信　息	教　学	个　人
		你已经完成你必须做和想做的事情了吗？你是否查看你的优先列表，确认你现在所做的属于优先完成的任务吗？你经常使用你的日历吗？寒假你打算做什么？
管　理	**结　果**	**协　作**
你与家长保持必要的联系吗？	你在开发并采用课堂评价系统吗？你是否制定单元学习评价计划？	你与你的指导老师会过两次面吗？ 你安排好观察指导老师的课和与指导老师讨论的时间了吗？

（次年）1 月指导者

后勤：	可能向被指导者提出的问题：
· 你按照日程与你的被指导者会面了吗？ · 你定好在接下来 3 个月中会面的日程了吗？	· 这个学期的重点是什么？ · 你学到了什么？ · 你希望改变什么？

（次年）1月被指导者

信　息	教　学	个　人
管　理	**结　果**	**协　作**
你第二学期的总体计划是什么？	你开始为下个阶段的汇报做准备了吗？你采用了什么评价系统？你需要什么？	你按照日程与指导者会面了吗？你们是否一起对第一学期的情况进行了反思？

2月指导者

后勤：	可能向被指导者提出的问题：
·你按照日程与你的被指导者会面了吗？	·你面临的最严重的问题是什么？ ·你完成了多少任务？ ·你遇到了什么困难？ ·你如何照顾自己？

2月被指导者

信　息	教　学	个　人
你熟悉联邦政府的规划吗？	你是否在为3月末4月初的州测试以及当地的测试做好准备？你是否给学生做过模拟测试？给学生讨论提供基准了吗？	
管　理	**结　果**	**协　作**
		你按照日程与指导者会面了吗？这个月里你有可能做以下的哪些事情： 观摩一位同事的课； 分享教师资源；

		参加一个工作坊； 参加一次学习小组会议； 拍摄一堂课，并进行评论； 阅读一篇专业杂志的论文； 参加一次早餐讨论； 阅读并讨论一本专业书； 和你的指导者一起评阅学生作业； 其他_____。

3 月指导者

后勤： ·你按照日程与你的被指导者会面了吗？	可能向被指导者提出的问题： ·你面临的最严重的问题是什么？ ·你完成了多少任务？ ·你遇到了什么困难？ ·你如何照顾自己？

3 月被指导者

信　息	教　学	个　人
回顾学校有关学生的政策与惯例。		
管　理	结　果	协　作
你的课程计划和日程与州和当地的评价一致吗？ 你仍然与家长保持联系吗？		你按照日程与指导者会面了吗？ 这个月里你可能会做以下的哪些事情： 观察一位同事的课； 分享教师资源； 与一位同事一起参加工作坊； 参加一次学习小组会议； 拍摄一堂课，并进行评论； 阅读一篇专业杂志的论文； 参加一次早餐讨论会； 阅读并讨论一本专业书； 和指导者一起评阅学生作业： 其他：_____。

4 月指导者

后勤：	可能向被指导者提出的问题：
·你按照日程与你的被指导者会面了吗？	·你面临的最严重的问题是什么？ ·你完成了多少任务？ ·你遇到了什么困难？ ·你如何照顾自己？

4 月被指导者

信　息	教　学	个　人
你是否在完成优先任务？你留有锻炼、放松、与家人朋友见面的时间吗？		
管　理	结　果	协　作
		你按照日程与指导者会面了吗？ 这个月里你可能会做以下的哪些事情： 观察一位同事的课； 分享教师资源； 与一位同事一起参加工作坊； 参加一次学习小组会议； 拍摄一堂课，并进行评论； 阅读一篇专业杂志的论文； 参加一次早餐讨论会； 阅读并讨论一本专业书； 和指导者一起评阅学生作业； 其他：＿＿＿＿＿＿。

5 月指导者

后勤：	可能向被指导者提出的问题：
·你按照日程与你的被指导者会面了吗？	·你完成了多少任务？ ·你遇到什么困难？ ·你如何照顾自己？

5 月被指导者

信　息	教　学	个　人
你知道学校和学区内学年末一些特殊活动、集会、聚会的政策吗？	你做好下面六个星期的课程计划了吗？你能详细地写出最后一个星期的课程计划吗？你请指导老师看过吗？	
管　理	**结　果**	**协　作**
		为暑期课程和工作坊做计划。

6 月指导者

你已经安排好时间与被指导者一起对过去的一年进行总结了吗？	你打算如何圆满结束你们的帮带关系？

6 月被指导者

信　息	教　学	个　人
学校放假时有什么必须的程序和惯例？		你将如何庆祝你成功的第一年的工作？ 有什么成就让你感到自豪？ 下一年你最想改变什么？
管　理	**结　果**	**协　作**
你把学年成绩记录在学生档案中了吗？ 你填完成绩汇报单了吗？ 你将书、钥匙退回了吗？ 材料和设备储存了吗？		你安排好与指导者会面的时间了吗？

参考文献

Calkins, L. M. (1994). The art of teaching writing. Portsmouth, NH: Heinemann.

Carr, J., & Harris, D. (1993). Getting it together: A process workbook for K-12 curriculum development, implementation, and assessment. Needham Heights, MA: Allyn & Bacon.

Carr, J. F., & Harris, D. E. (2001). Succeeding with standards: Linking curriculum, assessment, and action planning. Alexandria, VA: ASCD.

Center for Cognitive Coaching. (2000). [Web site]. www. cognitivecoaching. com.

Coalition of Essential Schools. (2002). How we are different [Web page]. Available: http://www. essentialschools. org/pub/ces_ docs/about/phil/how_ different. html

Costa, A. L., & Garmston, R. J. (2002). Cognitive Coaching. A foundation for renaissance schools. Norwood, MA: Christopher-Gordon.

Covey, S. R. (1990). The seven habits of highly effective people. New York: Simon & Schuster.

DeBolt, G. (1989). [Report]. Helpful elements in mentoring of first year teachers. Report given to State Education Department on New York State Mentor Teacher-Internship Program for 1988 – 1989.

DuFour, R. (2002, May). The learning-centered principal. Educational Leadership, 59 (8), 12 – 18.

DuFour, R., Eaker, R. E., & Baker, R. (1998). Professional learning communities at work: Best practices for enhancing student achievement. Bloomington, IN: National Educational Service.

Dunne, F., Nave, B., & Lewis, A. (2000). Critical friends groups:

Teachers helping teachers to improve student learning. The Research Bulletin (No. 28). Bloomington, IN: Center for Evaluation, Development and Research.

Educational Testing Service. (1999). PATHWISE framework induction program. Princeton, NJ: Author.

Elmore, R. (2002). Hard questions about practice. Educational Leadership, 59 (8), 22 – 25.

Fritz, R. (1999). The path of least resistance for managers. San Francisco: Barrett-Koehler.

Froese, E. E. (2002). Professional growth programs. In Wideen, M. , The professional development dissortium. Port of Spain: Ministry of Education of Trinidad and Tobago.

Fullan, M. (2001). Leading in a culture of change. San Francisco, CA: Jossey-Bass.

Fullan, M. (2002, December). Leading in a culture of change. Paper presented at the meeting of the National Staff Development Association, Boston, MA.

Garmston, R. (1987, February). How administrators support peer coaching. Educational Leadership, 44 (5), 18 – 26.

Garmston, R. , & Wellman, B. (1999). The adaptive school: Developing and facilitating collaborative groups. Norwood, MA: Christopher-Gordon.

Gless, J. , & Baron, W. (1996). A guide to prepare support providers for work with beginning teachers. [Training module] . Santa Cruz, CA: Santa Cruz County Office of Education, 24 – 26.

Glickman, C. D. (2002). Leadership for learning: How to help teachers succeed. Athens, GA: Institute for Schools, Education, and Democracy.

Glickman, C. (1990). Supervision of instruction: A developmental approach (2nd ed.). Boston: Allyn and Bacon.

Glickman, C. (1997). Supervision of instruction: A developmental approach (4th ed.). Boston: Allyn and Bacon.

Goleman, D. (2000). Working with emotional intelligence. New York: Bantam.

Gordon, S. P. (1991). How to help beginning teachers succeed. Alexandria, VA: Association for Supervision and Curriculum Development.

Graham, B. L. , & Fahey, K. (1999). School leaders look at student work. Educational Leadership, 66 (6), 25 - 27.

Ham, V. (2002, April). What teachers and students use computers for in New Zealand classrooms: Results from the IC TPD cluster schools research project. [Paper]. Presented to the Infovision Innovations Stream conference. Christchurch: NZ.

Harris, D., Brandenburg, R., & Gibson, D. (2002). The Vermont Institutes: A white paper. Montpelier, VT: The Vermont Institutes.

Harvey, S. (1998). Nonfiction matters: Reading, writing, and research in grades 3 - 8. Portland, ME: Stenhouse.

Harvey, S., & Goudvis, A. (2000). Strategies that work: Teaching comprehension to enhance understanding. Portland, ME: Stenhouse.

Hesselbein, F. (2002). Leader to leader. San Francisco: Jossey-Bass.

Hochheiser, R. M. (1992). Time management. New York: Barrons.

Huling-Austin, L., & Murphy, S. C. (1987). Assessing the impact of teacher induction programs: Implications for program development. Austin, TX: Texas University. (ERIC Document Reproduction Service No. ED 283 779)

Johnson, D. W., & Johnson, R. T. (1994). Learning together. In Sharan, S., Handbook of cooperative learning methods (pp. 51 - 65). Westport, CT: Greenwood Press.

Joyce, B., & Calhoun, E. (1998). Learning to teach productively. Needham Heights, MA: Allyn and Bacon.

Joyce, B. R., & Showers, B. (1987). Low cost arrangements for peer coaching. The Journal of Staff Development, 8 (1), 22 - 24.

Joyce, B., & Showers, B. (1983). Power in staff development through research on training. Alexandria, VA: Association for Supervision and Curriculum Development.

Joyce, B., & Weil, M. (1996). Models of teaching (5th ed.). Boston: Allyn & Bacon.

Kruse, S., Seashore-Louis, K., & Byrk, A. (1994). Building professional community in schools. Madison, WI: Center on Organization and Restructuring of Schools, University of Wisconsin.

Leggett, D., & Hoyle, S. (1987). Peer coaching: One district's experience in using teachers as staff developers. Journal of Staff Development, 8 (1), 16 - 19.

Lewis, A. (1998, March/April). Teachers in the driver's seat: Collaborative assessment proves a positive way to reform schools and improve teaching. Harvard Education Letter: Research Online. http://www. edletter. org/past/issues/1998-ma/teacher. shtml

Love, N. (2002). Using data/getting results: A practical guide for school improvement in math and science. Norwood, MA: Christopher-Gordon.

Martin, D. (2002). Linkage model of educational development for Trinidad and Tobago. In Wideen, M. The professional development dissortium. Port of Spain: Ministry of Education of Trinidad and Tobago.

Martin, H. , & Martin, C. (1989). Martin operating styles inventory. San Diego, CA: Organization Improvement Systems. Available: http://www. oismartin. com.

Marzano, R. (1992). A different kind of classroom. Alexandria, VA: ASCD.

Mellette, S. , & McCollum, K. (2005). World class excellence in Richland Two: The foundations of a mentoring program. Columbia, SC: Richland Two School District. Unpublished.

Moffatt, C. (2002, Oct. 12). Presentation to ASCD Executive Council, Wellington, New Zealand.

Mohr, N. , & Dichter, A. (n. d.). Stages of team development: Lessons from the struggles of site-based management. Providence, RI: Annenberg Institute for School Reform at Brown University. Available: http://www. annenberginstitute. org/images/Stages. pdf

Murphy, C. (1991). Lessons from a journey into change. Educational Leadership, 48 (8), 63 – 67.

Murphy, C. (1999, Spring). Using time for faculty study. The Journal of Staff Development, 18 (3), 20 – 24.

Murphy, C. , & Lick, D. C. (1998). Whole faculty study groups: A powerful way to change schools and enhance student learning. Thousand Oaks, CA: Corwin.

National School Reform Faculty. (n. d.). Critical friends groups as a vehicle for improving student learning. Bloomington, IN: Harmony School Education Center.

National Systemic Improvement Initiative. (2001). Systemic improvement protocol. Hartford, CT: The Connecticut Academy.

Odell, S. J. , & Ferraro, D. P. (1992). Teacher mentoring and teacher retention. Journal of Teacher Education, 43 (3), 200.

Payne, R. (2001). Framework for understanding poverty. Highlands, TX: aha! Process.

Pinnell, G., & Scharer, P. (Eds.). (2001). Extending our reach: Teaching for comprehension in reading, grades K-2. Columbus, OH: The Literacy Collaborative at The Ohio State University.

Podsen, I., & Denmark, V. (2000). Coaching and mentoring first-year and student teachers. Larchmont, NY: Eye On Education.

Robbins, P. (1991). How to plan and implement a peer coaching program. Alexandria, VA: Association for Supervision and Curriculum Development.

Routman, R. (2000). Conversations. Portsmouth, NH: Heinemann.

Sagor, R. D. (1992). How to conduct collaborative action research. Alexandria, VA: Association for Supervision and Curriculum Development.

Saphier, J., & Gower, R. (1997). The skillful teacher: Building your teaching skills (5th ed.). Acton, MA: Research for Better Teaching.

Scholtes, P. R. (1992). The team handbook: How to use teams to improve quality. Madison, WI: Joiner.

Seidel, S., Walters, J., Kirby, E., Olff, N., Powell, K., Scripp, L., & Veenema, S. (1997). Portfolio practices: Thinking through the assessment of children's work. Washington, DC: National Education Association Publishing Library.

Sergiovanni, T., & Starratt, R. (1997). Supervision: A redefinition. Columbus, OH: McGraw-Hill.

Showers, B., & Joyce, B. (1996). The evolution of peer coaching. Educational Leadership, 53 (6), 12 – 16.

Sparks, D. (1990, Spring). Cognitive coaching: An interview with Robert Garmston. Journal of Staff Development, 11 (2), 12 – 15.

Sparks, D. (1998, Fall). Interview with Bruce Joyce: Making assessment part of teacher learning. Journal of Staff Development, 19 (4), 33 – 35.

Stiggins, R., & Knight, T. (1997). But are they learning?: A commonsense parents' guide to assessment and grading in school. Portland, OR: Assessment Training Institute.

Thompson-Grove, G. (2001). Creating professional communities to improve student learning. Presentation at the Vermont Standards and Assessment Consortium meeting, Montpelier, VT.

Tuckman, B. (1965). Developmental sequence in small groups. Psychological Bulletin, 63 (384 – 389).

Vermont Department of Education. (1998). Standards into action: Professional development toolkit for standards-based education. Montpelier, VT: Vermont Department of Education.

Vermont Department of Education. (1999). Using standards in the classroom: A teacher resource guide. Montpelier, VT: Author.

Wolfe, P. , & Robbins, P. (program consultants). (1989). Opening doors: An introduction to peer coaching [Videotape] . Alexandria, VA: Association for Supervision and Curriculum Development.

作者介绍

朱迪·F. 卡尔（Judy F. Carr）是萨拉索塔/海牛南佛罗里达大学教育管理系的副教授，她与别人合著《与统整课程共舞：教学实务与理论》（Integrated Studies in the Middle Grades：Dancing Through Walls）（师范学院出版社，1993）和《在中年级的生活和学习：与统整课程再舞——纪念克里斯·史蒂文森》（Living and Learning in the Middle Grades：The Dance Continues：A Festschrift for Chris Stevenson）（国家中学协会，2001）。

南希·赫尔曼（Nancy Herman）最近刚退休，她是一名独立顾问，专门指导培训、扫盲发展和中等教育。她是一名执证瑜伽导师和按摩治疗师，亲自执教，退休后在佛蒙特州的雪柏林镇为教育工作者及其他人开办“放松吧”项目（www. sojustrelax. com）。

道格拉斯·E. 哈里斯（Douglas E. Harris）是佛蒙特州研究所的执行主任，该机构致力于支持各级协作改革——课堂、地方和州。他曾经是一名教师，还担任过教育局副局长兼学校督导。

卡尔和哈里斯合著的书有：《达到课程标准：将课程、评价和行动计划联系起来》（Succeeding with Standards：Linking Curriculum，Assessment，and Action Planning）（ASCD，2001），《如何将课程标准用于课堂教学》（ASCD，1996），《综合运用：K-12 课程发展、实施和评价实用手册》（Getting It Together：A Process for K – 12 Curriculum Development，Implementation and Assessment）（Allyn，Bacon，1993）。

卡尔和哈里斯都是课程重建中心的顾问（www. curriculum. renewal. com），该中心为学校和学区、州教育部门及其他的教育机构提供培训、帮助、项目开发、项目评价服务和工作坊。联系方式：802-598-8292 或 CCRlearn@ aol. com。

译 后 记

当教育转变为学习的理念确立以后，学习共同体的理念应运而生。过去的十年见证了人们对学习共同体日益增长的兴趣，并将其作为促进学校变革和发展的首选策略。学习共同体意味着学校负载着促进所有人学习的重任，同时意味着学校教育场景中的人们是自身文化的创造者，学习是学习环境中所有人的共同事业，这项共同事业涉及学生，也涉及教师、管理者、校长、教育领导者，等等。如果这些人没有践行学习共同体哲学，那么，学习共同体的构建便是一句空话。

设想一下这样的情景：学校所有专业教育者同时又是学习者，他们组成两人或多人小组，相互协作，共同探究，不断改进教学，促进学生的学习，这是多么美好、多么令人振奋的愿景啊！《创造有活力的学校——建立帮带、指导、协作制度》（Creating Dynamic Schools Through Mentoring, Coaching, and Collaboration）尝试的正是这个方面的努力，主要介绍美国佛蒙特州在打造人人乐学、人人会学的校园文化，构建充满活力的专业学习共同体的一些宝贵经验，提供了大量操作性极强的策略和工具，为教育领导者、学校校长以及基层管理人员进行教育改革、推进学校发展提供了重要参考。

本书的立足点是：学习的校园充满活力，协作的校园充满活力，当协作性学习根植于校园文化中，走向专业学习共同体时，学校充满活力。学习文化是校园文化的核心，专业教育者在营造学习文化的过程中发挥着重要作用。专业学习共同体的学习，不是个人主义性质的活动，不是个人学习的简单累加，也不是学校一时的要求，而是学校成员共同学习并善于不断地学习，强调自愿学习、终身学习、全员学习、全过程学习和团队学习，属于"团队——自愿式"学习类型。专业学习的真正主体是团队或学校本身，它追求的不是一种人人学习的热闹场面，而是通过基于教育教学问题所实现的互动来发展学校的组织智慧，具有协作性的特点，即在协作中学习，在学习中协作。这种有效协作的学习文化氛围以分享、信任、支持、日常工作为中心，能激发共同体内所有成员的情感和动机，促进共同的工作和成长。研究表明，学习共同体内所有教师和管理者的协作学习有助于教师进行深层对话，挖掘信息，欣赏不同风格，反思教学实践，凝聚共识，共同决策，最终形成强大的学习动力和核心精神，从而达到改进教学、促进学生学习的目的，使校园生机勃勃，充满活力。

为发展学校各个环节的协作关系，使之朝相互支持、持续学习、共同进步的方向发展，最终使学校发展成为充满生机与活力的地方，成为学生、教师、管理者乃至家长、社区共同学习成长的地方，三位资深教育专家和顾问凭借多年的实践经验，为我们提供了适时指导：以专业关系为纽带，建立帮带、指导、协作制度，构建学习共同体。专业关系指教师在工作和学习中建立的联系，其载体是各部门、各团队（小组）、校委会、理事会等；建立领导支持的帮带、指导、协作制度和各种有效学习小组（团队），能够加强教师工作中的专业关系，促进知识在学校内部快捷顺畅地流通，形成广泛的协作性学习体系，确保教育机构中人尽其才，物尽其用，走向协作性专业学习共同体。作者特别强调协作性学习文化的形成，强调在形成通力协作的校园文化的过程中，学校组织所发挥的重要作用，强调学校各个层面进行学习、对话、交流时教育管理者应具备的知识和领导技能，强调共同领导与民主管理，关注学校共同愿景的建立与学校未来的发展方向。作者认为，协作性学习文化的形成是专业学习共同体形成的重要标志，它既涵盖了共同体所有成员共同的价值观和一致努力的愿景，也体现了所有成员为实现共同理想付之的共同努力。作为这一共同体的整体体现者的学校，须创设支持性结构，包括协作环境、时间安排、交流程序、信息系统、技术支持和资源等，实质上就是要逐渐建立一种互为责任的规范与规则。这些规范和规则并不是要对个体进行强行约束，而是以更加理性的方式从具体层面上来促进全体员工的协作学习以及学校与高校、家长、社区的广泛合作，从而促进教师的发展和学校的改进，其中心任务就是"确定"，即确定目的、职责、时间、人员、方式等。在具体实施过程中，以下几个方面的工作应该得到充分重视：第一，发现一批有领导才能的教师，充分发挥其领导力；第二，挑选一批教师指导者，增强广大教师的专业发展能力；第三，最大限度地发挥退休教师和新手教师的才干，充分利用人才资源；第四，建立自我更新、给养的指导制；第五，组建有效学习小组。作者不单从理论上阐述了各项策略的性质、特点、重要性等，更多的则是从实际操作入手，设计了一系列具体的实施方案、程序、步骤和技能，展示了许多学校和学区的实践经验，最宝贵之处还在于它所提供的 76 份表格（含附录），不仅是理解各项方针、策略必不可少的依据，还是我们进行实践必备的工具，堪称教育改革者的行动指南。

当今世界，教育改革研究关注的焦点发生了巨大的变化，从过去关注教学与课程等局部层面转向学校整体的革新。在这个大的背景下，专业学习共同体不仅被视为教师专业发展的一种途径，而且成为一种崭新的学校变革方式，它将教师发展、领导角色、学校改革统一成整体，形成了以提高学生学习为中心的整体学校发展模式。专业学习共同体不是一个既定框架，而是一个实施的途径，一个持续进行的过程，它意味着一场深刻的革命，对教育变革者提出了前所未有的巨大挑战。然而，由于现实的复杂性以及改革者本身的局限，在专业学习共同体的实施过程中，往往导致现实与理想的脱节，致使变革的过程变得沉重、凝滞。比如，一些学校着力于共同体表层的构建，偏离教育本身的改进和完善；一些学校只注重短期效益，没有将学校自身的效能提升作为关注重点；学习流于形式，协作局限于小范围，制度的约束更多地体现在技术层面的交流和资源分享，没有深入到有关价值观、理想层面的共同持有和遵奉，这种协作的宗旨变得相当行政化，与学校整体发展的理念相悖。如何变革深层学校组织文化从而形成富有成效的专业学习团队，如何将形式化的、重在教学规范的组织内涵转化为专业学习共同体已是摆在每一位教育领导者面前的严峻问题。本书的引进无疑为教育变革者提供了新的思路和行动的工具，特别是在我国教育体制改革不断深化、新课标全面实施的今天更具积极的指导意义。

本书译者的具体分工是：目录、第一章、第二章、第三章，附录，郑汉文译；第四章、第五章、第六章、作者介绍，叶红英译。全书由程可拉教授指导、审校。值得提及的是，在翻译该书的过程中，我们亲身实践了书中所说的"协作"，我们自动组成了一个"翻译小组"，对我们遇到的问题进行深入讨论，相互分享经验，挑战理解力，统一标准，受益匪浅。在向专家咨询和不断学习的过程中，我们深深感到，在湛江师范学院外国语学院程可拉院长带领下的教师团队的发展为广大教师提供了广阔的专业发展前景。我们相信，随着专业团队的发展壮大和协作性学习文化的深入、扎根，专业学习共同体学校的美好前景一定会实现。

湛江师范学院外国语学院
郑汉文

摆渡者教师书架（现已出版部分）

丛书名称	主编或作者	书　名	定价(元)
大师背影书系	张圣华	《陶行知教育名篇》	24.90
		《陶行知名篇精选》(教师版)	16.80
		《朱自清语文教学经验》	15.80
		《夏丏尊教育名篇》	16.00
		《作文入门》	11.80
		《文章作法》	11.80
		《蔡元培教育名篇》	19.80
		《叶圣陶教育名篇》	17.80
教育寻根丛书	张圣华	《中国人的教育智慧·经典家训版》	49.80
		《过去的教师》	32.80
		《追寻近代教育大师》	29.80
		《中国大教育家》	22.80
杜威教育丛书	单中惠	《杜威教育名篇》	19.80
		《杜威学校》	25.80
		《杜威在华教育讲演》	29.80
班主任工作创新丛书	杨九俊	《班集体问题诊断与建设方略》	19.80
		《班主任教育艺术》	22.80
		《班级活动设计与组织实施》	23.80
新课程教学问题与解决丛书	杨九俊	《新课程教学组织策略与技术》	16.80
		《新课程教学现场与教学细节》	15.00
		《新课程备课新思维》	16.80
		《新课程教学评价方法与设计》	16.80
		《新课程说课、听课与评课》	16.80
新课程课堂诊断丛书	杨九俊	《小学语文课堂诊断》(修订版)	18.60
		《小学数学课堂诊断》(修订版)	18.60
		《小学综合实践活动课堂诊断》	23.60
		《小学品德与生活(品德与社会)课堂诊断》	22.80
名师经验丛书	肖　川	《名师备课经验》(语文卷)	25.80
		《名师备课经验》(数学卷)	25.60
		《名师作业设计经验》(语文卷)	25.00
		《名师作业设计经验》(数学卷)	25.00
个性化经验丛书	华应龙	《个性化作业设计经验》(数学卷)	19.80
		《个性化备课经验》(数学卷)	23.80
	于永正	《个性化作业设计经验》(语文卷)	20.60
		《个性化备课经验》(语文卷)	23.00

丛书名称	主编或作者	书　名	定价(元)
深度课堂丛书	《人民教育》编辑部	《小学语文模块备课》	18.00
		《小学数学创新性备课》	18.60
课堂新技巧丛书	郑金洲	《课堂掌控艺术》	17.80
课改新发现丛书	郑金洲	《课改新课型》	19.80
		《学习中的创造》	19.80
教师成长锦囊丛书	郑金洲	《教师反思的方法》	15.80
校本教研亮点丛书	胡庆芳	《捕捉教师智慧——教师成长档案袋》	19.80
		《校本教研实践创新》	16.80
		《校本教研制度创新》	19.80
		《精彩课堂的预设与生成》	18.00
美国教育新干线丛书	胡庆芳	《美国学生课外作业集锦》	35.80
美国中小学读写教学指导译丛	胡庆芳	《教会学生记忆》	25.00
		《教会学生写作》	22.50
		《教会学生阅读:方法篇》	25.00
		《教会学生阅读:策略篇》	24.80
提升教师专业实践力译丛	胡庆芳　程可拉	《创造有活力的学校》	22.50
		《有效的课堂管理手册》	24.00
		《有效的课堂教学手册》	32.80
		《有效的课堂指导手册》	24.80
		《有效的教师领导手册》	25.80
		《提升专业实践力:教学的框架》	30.80
其他单行本	胡庆芳	《美国教育360度》	15.80
	徐建敏　管锡基	《教师科研有问必答》	19.80
	杨桂青	《英美精彩课堂》	17.80
	陶继新	《教育先锋者档案》(教师版)	16.80
	单中惠	《西方教育思想史》	59.80
	孙汉洲	《孔子教做人》	27.90
	丰子恺	《教师日记》	24.80
	陶　林	《家有小豆豆》	27.00

　　"新课程教学问题与解决丛书"荣获第七届全国高校出版社优秀畅销书一等奖!

　　在2006年全国教师教育优秀课程资源评审中,"新课程教学问题与解决丛书"中的《新课程教学组织策略与技术》、《新课程教学现场与教学细节》、《新课程备课新思维》和《新课程说课、听课与评课》被认定为新课程通识课推荐使用课程资源,《陶行知教育名篇》被认定为新课程公共教育学推荐使用课程资源,《课改新课型》被认定为新课程通识课优秀课程资源,《小学语文课堂诊断》被认定为新课程语文课优秀课程资源,《小学数学课堂诊断》被认定为新课程数学课推荐使用课程资源!

　　《西方教育思想史》荣获全国第二届教育科学优秀成果二等奖(1999)!

责任编辑　王峥媚

责任校对　徐　虹

责任印制　曲凤玲

图书在版编目（CIP）数据

创造有活力的学校/（美）卡尔，（美）赫尔曼，
（美）哈里斯著；郑汉文，叶红英译. —北京：教育科学
出版社，2008.11（2012.10 重印）

（提升教师专业实践力译丛/胡庆芳，程可拉主编）

书名原文：Creating Dynamic Schools Through Mentoring,
Coaching, and Collaboration

ISBN 978 - 7 - 5041 - 4317 - 4

Ⅰ. 创⋯　Ⅱ. ①卡⋯②赫⋯③哈⋯④郑⋯⑤叶⋯　Ⅲ. 中
小学—学校教育　Ⅳ. G637

中国版本图书馆 CIP 数据核字（2008）第 164625 号

北京市版权局著作权合同登记 图字：01−2007−2476 号

出版发行	**教育科学出版社**				
社　　址	北京·朝阳区安慧北里安园甲 9 号		市场部电话	010−64989009	
邮　　编	100101		编辑部电话	010−64989394	
传　　真	010−64891796		网　　址	http://www.esph.com.cn	
经　　销	各地新华书店				
印　　刷	莱芜市东方彩印有限公司		版　　次	2008 年 11 月第 1 版	
开　　本	700 毫米×1 000 毫米　1/16		印　　次	2012 年 10 月第 3 次印刷	
印　　张	10.25		印　　数	7 101−9 100 册	
字　　数	143 千		定　　价	22.50 元	

Original English Title：
Creating Dynamic Schools through Mentoring, Coaching, and Collaboration
By Judy F. Carr, Nancy Herman, and Douglas E. Harris

Published by Association for Supervision and Curriculum Development
(ASCD).
Copyright © 1996, 2007 by the Association for Supervision and Curriculum
Development(ASCD).

本书中文版由 ASCD 授权教育科学出版社独家翻译出版，ASCD 不对
该书翻译质量的优劣承担任何责任。未经教育科学出版社书面许可，
不得以任何方式复制或抄袭本书内容。